〔韩〕田导根/著
崔英 于昕/译

跟自己的孩子聊得来

아빠（爸爸版）
대화법

北京日报出版社

图书在版编目（ＣＩＰ）数据

跟自己的孩子聊得来 /（韩）田导根著；崔英，于昕译 .－－北京：北京日报出版社，2019.11
  ISBN 978-7-5477-3466-7

Ⅰ.①跟… Ⅱ.①田… ②崔… ③于… Ⅲ.①心理交往－儿童教育－家庭教育 Ⅳ.① G78

中国版本图书馆 CIP 数据核字 (2019) 第 183876 号

北京版权保护中心外国图书合同登记号：01-2017-0653

跟自己的孩子聊得来

出版发行：北京日报出版社

地　　址：北京市东城区东单三条 8-16 号 东方广场东配楼四层

邮　　编：100005

电　　话：发行部：（010）65255876
　　　　　　总编室：（010）65252135

印　　刷：北京荣泰印刷有限公司

经　　销：各地新华书店

版　　次：2019 年 11 月第 1 版
　　　　　　2019 年 11 月第 1 次印刷

开　　本：710 毫米 ×1000 毫米　1/16

印　　张：14.75

字　　数：150 千字

定　　价：45.00 元

"伍迪·艾伦曾经说过，80% 的成功都只需要露个面就行了。在此我得向伍迪道歉，因为我要借用并修正一下他的话——99% 的育儿工作只需要陪伴就够了。"

——《父亲的智慧》

目 录
Contents

PART 2　激发孩子潜能的对话法

第三章　提升孩子自信心的对话法

第四章　激发孩子创造力的对话法

第五章　培养孩子感性思维的对话法

第六章　培养孩子领导力的对话法

第七章　激发孩子潜能的对话法

PART 3　改变孩子生活习惯的沟通法

第八章　在与爸爸的交谈中学习成长

第九章　一句话，改变孩子的无理取闹

第十章　让孩子不再沉迷于游戏的对话法

第十四章　让孩子受益终生的读书法

导 读

再忙，也不耽误你做个好爸爸

"伍迪·艾伦曾经说过，80% 的成功都只需要露个面就行了。在此我得向伍迪道歉，因为我要借用并修正一下他的话——99% 的育儿工作只需要陪伴就够了。"

看到《跟自己的孩子聊得来》的作者田导根在开篇第一页这样写，我忍不住深深赞同，因为陪孩子时间最长并与孩子互动最多的人的话语对孩子产生的影响必然最大。

爸爸这个角色对孩子的影响深远，很多孩子在一生中都会把爸爸视为自己的偶像。但也有很多时候，爸爸会让孩子失望，因为他们不是忙工作，就是忙应酬。

所以，爸爸的育儿道理懂得再多，也不如安安心心地陪着孩子聊会儿天给孩子感觉来得实在。作者田导根也提到聊天是人与人沟通感情的基本方式。

可是，我们都深有感触的是，爸爸跟孩子聊天时，很容易说着说着就演变成重复和说教。让孩子喜欢和爸爸聊天本身就不易，让孩子从和爸爸聊天中培养自信心、创意、感性、领导能力就更难。但读完《跟自己的孩子聊得来》这本书，我的思路逐渐清晰起来。

| 爸爸先要审视自己的养育方式，才能更有针对性 |

每个人都是不同的个体，童年的养育经历潜移默化地影响着爸爸的养育方式，再加上没有太多时间陪伴孩子，所以爸爸对待孩子的成长都显得太匆忙。

如果爸爸希望跟孩子聊得来，首先要观察一下自己的语言和行为。审视自己的养育中，是不是这些问题都做得挺好：没有把自己的想法强加给孩子，不唠叨；不把自己的错误转嫁到孩子身上，从不反复斥责他；从不根据自己的心情随意对待他；孩子遇到困难时，会经常激励他。

经常审视自己的养育方式，就能不断吸取经验。如果爸爸一味地对孩子说教，就会站在孩子的对立面，让孩子变得通过观察爸爸的反应来判断自己行为的对错，而不是学会自我评价与内省，这时孩子培养的是"他尊"，而不是"自尊"。

所以，爸爸需要为孩子做的就是教会孩子自我评价，而不是让他们依赖别人的赞扬或观点来做判断。能做到这些其实相当不易，但如果我们能经常意识到这些问题，加上刻意的正面引导，慢慢地，孩子就会把爸爸当成朋友，愿意倾诉一切。

了解孩子成长的共性和他本身独特的个性，会让孩子觉得爸爸更懂他

首先，孩子的成长是有规律的，当孩子处在不同的敏感期时表现出的行为会大不一样。蒙台梭利说过："当敏感期出现时，孩子的内心会有一股无法遏止的动力，驱使孩子对他感兴趣的特定事物，产生尝试或学习的狂热，直到内在需求得到满足，这股动力才会消逝。"

这个敏感期也是爸爸教育的关键期。举个例子，六岁前是孩子的语言敏感期，在这个时期，提高孩子的语言表达能力效果最好，因为幼年时期养成的对话习惯会影响孩子一生的表达。

书中提到孩子表达能力的核心就是"我"，即能够主动表达自己的想法或感觉。个人的思想和感受都是自身的问题，但是表达能力需要的是在他人或众人面前讲明自己的观点，所以提高表达能力就需要相应的训练。

知道这个敏感期规律，你就会明白在六岁前爸爸的陪伴是多么的宝贵，如此就会更热衷于跟孩子聊天。

其次，你必须要了解孩子独特的个性：知道他擅长或喜欢什么，最要好的朋友是谁，知道他想要什么礼物，梦想是什么，等等。

当然这些问题你不能都赤裸裸地问他，毕竟这不是人口普查。爸爸只有用心陪伴孩子，才会有独到的观察，然后才能了解孩子，最后才有愉快聊天的资本。

但是我们总是一开口就被孩子嫌弃，就像你给孩子刷牙的时候，他可能表现出一万个不乐意，僵持一段时间之后可能你会忍不住凶他："为什么不好好刷牙，一点都不听话！"然后你会气鼓鼓地回到客厅坐着，一边生闷气一边懊悔。

所以，即使爸爸看了再多育儿的大道理，最终还是得从日常观察、体验和反省出发，悟出自己的方法。好在人生就是一个漫长的试错过程，在这个过程中，身为父母最大的幸运就在于能够陪伴孩子一起去试错，并且期待能有一个比较圆满的结果。

| 抓住语言和阅读敏感期，有意识地训练孩子的表达能力 |

孩子的表达能力要在他的语言习惯刚开始形成时开始训练，因为这时孩子的基本思考框架也会随之形成。

1）良好的开端从自然对话中的情绪认知开始。

自然对话中肯定包涵各种各样的情绪，爸爸应该让孩子间接体验什么是伤心、委屈、生气等感觉，并告诉孩子如何表达自己的情感。

爸爸也很有必要坦率地向孩子表达自己的情感，如果盲目地生气，肯定无法改变孩子的认知和行为。告诉孩子自己生气的具体原因，孩子才会更容易理解。

通过家庭中的自然对话，孩子会逐渐养成表达自己的情感的习惯，不仅能提高逻辑思考能力，还可以让爸爸和孩子的关系更为融洽。

2）抛个话题，来引导孩子深入思考吧。

说到陪伴，爸爸可能眉头一皱，抱怨哪有那么多的时间陪孩子聊天。其实，没时间都是借口，关键在于是不是真想陪着孩子，毕竟办法总比问题多。

比如，可以让做饭或者吃饭的时间成为有主题对话的机会。让孩子用语言描述爸爸做饭的过程，对孩子来说也是很好的学习方法。

其实，和孩子聊天的主题不需要多么宏大。通过聊天，孩子可以学习表达自己的意见，并且练习说服对方的技巧，慢慢地学会既不固执己见，也不盲从他人。

这种讨论的方式能给孩子打下表达自己想法的良好基础。此外，家庭成员之间可以举行评价会。和孩子一起制订阶段目标后，爸爸可以定期问问孩子目标达成的情况，孩子则自我评价目标是否很好地达成，有哪个部分没有做好。在评价的过程中，可以培养孩子的批判性思维能力。

跟孩子交谈的时候，爸爸应该教导孩子不要把个人情绪放在第一位，同时培养孩子准确地表达事情因果的习惯。

3）注重孩子的表达逻辑，让孩子善于理清自己的思路。

想要把孩子培养成语言逻辑性强的孩子，就要通过经常接触的生活主题，从孩子自由说话的习惯开始培养。

在开始对话之前，我们应该告诉孩子必须遵守的对话的规则。即告诉孩子无论要表达什么，都应该遵照"何时""何地""何人""何事""何法""何因"的顺序说话。比如孩子告诉你"我不喜欢张嘉乐",刚开始的时候你可以用六个问题引导他和你的对话,然后再把他对六个问题的表达串联起来讲给他听,让他了解这样的表达结构,慢慢地,他也会用这样的逻辑结构来表达他的想法。

说到底,育儿这条路任重而道远,很多时候,我们能依靠的只有自己,因为终究我们只能在自己的家庭里和家庭成员养育自己的孩子。

在爸爸角色的探索中,希望在悟道上给你一些启发,去了解孩子的成长规律,去思考自己的养育方式,去回忆自己的童年经历,去改变视角。那些跟孩子聊天的方法,最终还需要你结合你的领悟并运用到育儿实践中去。

亲子教育专家　吴琼

前言

通过与爸爸对话，孩子们会看到更大的世界

有妈妈真好，她会疼爱我。

有冰箱真好，它会给我吃的东西。

有小狗真好，它会和我一起玩。

但是，我不知道为什么要有爸爸。

这是不久前在互联网上被大肆讨论的一首诗。这首由小学生写出来的诗折射出了这一时代爸爸们的形象。爸爸们为了养家而辛苦工作，但是他们越是埋头于工作之中，跟家人相处的时间就越少，与家人的关系也就越来越疏远。家人也渐渐觉得，跟难得一见的爸爸相处时变得尴尬又不自在。不知从何时起，爸爸成为了家庭中不受欢迎的存在。

孩子的成长靠的不是妈妈或爸爸单方面的努力。只有当爸爸妈妈各司其职、共同努力时，孩子们的情绪天平才能保持平衡，才会健康成长。如

果说妈妈的职责是细心照顾孩子，那么爸爸的任务则是为孩子提供成长和发展的机会。

在训斥小孩时，妈妈和爸爸的表现必然会有所不同。照顾孩子日常生活的妈妈往往会絮絮叨叨，而缺席孩子生活的爸爸则习惯大声斥责，尤其是孩子的行为违背了自己的期待或未达到自己的标准时。

然而，斥责并不会使孩子有所改变，反而会产生副作用。孩子们不会想到爸爸生气是出于担心，而会认为爸爸不喜欢自己，因而心里会产生失落感。这种现象长期持续下去的话，爸爸与子女间的关系就会日渐疏远。爸爸要做的并不是站在大人的立场教导和训斥孩子，而是从孩子的立场出发来行动。比起强迫孩子理解大人的世界，爸爸们更应该做的是使孩子具有自控能力，并培养他们对自己行为的责任感。

孩子们就像一块海绵，时刻准备着吸收周围的一切。他们就像具有无限可能性的"梦想之树"，我们如何为之浇水，如何培养他长大，决定着他将成长为参天大树，还是一棵小草。

因此，孩子们需要一个真挚而温和的爸爸，一个能规划孩子的一生并且为其提供建议的爸爸，而不是只会高高在上地发号施令的爸爸。

现在已经到了爸爸们回归本位的时候了。孩子的生活态度会随着爸爸的一句话、一个眼神、一个动作而改变，通过与爸爸的对话，孩子们将会看到更加广阔的世界。作为一个父亲，如果担心孩子的未来，那么就应该熟悉能够培养孩子的潜在能力的"沟通法"。

很多爸爸都了解对话的重要性和必要性，但是真正与孩子交谈时却发现这并非易事。跟孩子对话很容易就会演变为相同话语的重复，或者对话的大部分内容都是教训或者教导。而本书的意图正在于概括爸爸和孩子之间的对话所需要的一切。

想要与孩子对话，爸爸就要开始改变。爸爸们应该反省一下，是不是迄今为止对孩子说的话中，"不要……"之类的否定性的话语占据了大部分。

爸爸们应该学会倾听，而不只是说出自己想说的话。只有这样，孩子们才会敞开心扉，享受跟爸爸之间的对话。这是与孩子对话时要做到的第一步。

"好好培养孩子"和"好好与孩子对话"是同样的意思。与孩子的对话的宝贵价值可以在所有的领域中体现出来。本书严格挑选了可以培养孩子"才能、潜力"的沟通法，介绍了如何通过平时的对话培养孩子的自信心、创意、感性、领导能力等需要从小开始自然引导的能力。与爸爸的真心交谈，能帮助孩子们看到更广阔的世界。

在培养孩子的过程中，最让人力不从心的就是孩子们撒泼耍赖的时候。不能每次都用斥责来解决问题，但是如果顺应孩子的要求，又担心会让孩子养成坏习惯，这是父母们的苦恼所在，而本书则在"改变孩子生活习惯的沟通法"里列出了明智的解决方法。该部分介绍了各种不同的情况下，孩子们撒泼的原因、适宜的沟通法、称赞与责备的正确原则等。

如果能日复一日地加以实践，我们就会发现，爸爸持之以恒的关心和努力，会对孩子的坏习惯起到翻天覆地的改造效果。

本书最后介绍了"改变孩子学习习惯的沟通法"。爸爸对孩子的学习毫不关心，已经不再是一件值得骄傲的事情。当然，这并不是说要把孩子送到培训班，而是要爸爸们给予更多的"关注"。这个问题直接关系到孩子们的梦想。孩子们可以在从小与爸爸的对话中积累丰富的经验，学习如何坚定明确地说出自己的意见，同时编织自己的梦想。

所有的孩子都具有成为伟大的人、长成参天大树的潜能。而他有一个怎样的爸爸，决定着他会成为一个平凡的人，还是成为一个引领世界的领导者。优秀的爸爸会读懂未来，知道如何应对变化。爸爸对话法则是人类历史上最好的教育方法，它影响着孩子的感觉、思考、行为和情绪。爸爸的指导中盛满了温情，融合了心灵，同时蕴含着对话的技巧，是一种最受瞩目的养育法。

孩子的童年时期一去不返，每一个瞬间都十分宝贵。从今天开始跟孩子们对话吧。爸爸们会见证孩子们一天天的成长，发现自己之前未曾知晓的一面，并从中感受到喜悦。而孩子们亦能获得一个爱自己、信任自己，如同朋友一般可靠的爸爸。这一定会成为孩子们实现梦想、自信活出精彩人生的有力支撑。

希望通过这本书，所有的爸爸们都能成为孩子们最好的朋友，与孩子们分享心情与梦想，度过宝贵的时光。

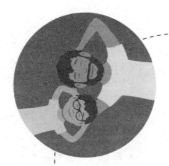

PART 1

一句话，打开孩子的心门

第一章
成为朋友般的爸爸是大势所趋

　　我们很难用以往所接受的、单方面的命令或者说教的方式教育好孩子。你想在孩子的人生中起到重要的作用吗？那么，最好养成经常反省自己是否是一个好爸爸的习惯，学会站在孩子的立场考虑问题，站在孩子的立场倾听他们的心声。

01

在与孩子的对话上，妈妈与爸爸大不相同

　　爱情成就家庭，最终诞生结晶。每天看着可爱的孩子是一件令人开心激动的事，但同时也不可否认，养育一个生命会费尽一生的心血，需要持之以恒的努力。有了孩子以后，家庭会出现很多出乎意料的问题，会让素来同心的夫妻话不投机、矛盾重重。

　　事实上，很多夫妻都会在养育孩子的问题上发生冲突，身陷矛盾、孤独、绝望和混乱之中。在养育孩子的方法上，妈妈和爸爸是有所差异的，妈妈更倾向于保护孩子，为孩子打理一切；爸爸更偏向于培养孩子的冒险精神和独立意识，把孩子"往外推"。从表面上看，这个差异可能诱发矛盾，但实际上却也能增强家庭的凝聚力。当然，如果诱发的矛盾过深就要另当别论。偶有小争执，只要尽量相互包容，事情就可以解决。但如果事

事矛盾相向，那么与孩子的矛盾就会上升为夫妻间的矛盾。

爸爸希望能够引起孩子的注意，在与孩子的对话中有所互动。例如，爸爸喜欢摆出一副惊讶的表情，说些突兀的话或者做些意料之外的事去吓孩子。妈妈则不会直接出面，也不想随意决定孩子的人生，更愿意成为孩子身后坚实的后盾。此外，妈妈还会为爸爸对孩子有目的的行为慌张不已。妈妈决定小事，爸爸定夺大事。妈妈即使看到孩子犯错，也不会当面指责，而是选择一忍再忍，直到忍无可忍的时候才会爆发；爸爸面对孩子犯错时，更倾向于直接指出孩子的问题。妈妈会说"被你伤透了心""这个样子到底像谁"，着眼于孩子当下的状态；爸爸会说"你以后想做什么，为什么要那样做""你要是再敢有下次，我不会饶了你"，对孩子的未来指指点点。

妈妈平时像朋友一样与孩子相处，所以即使孩子犯了错，也不会严厉苛责。也因此，妈妈认为自己和孩子有共鸣，认为自己在用晓之以理的方式教育孩子。但是在实际生活中，妈妈对孩子既没有晓之以理，也没有厉声呵斥，反倒是相互拌嘴的情况屡见不鲜。当爸爸要责骂孩子时，妈妈总是生怕有个三长两短，慌慌张张地把爸爸推开，然后情不自禁地一把搂住孩子。爸爸认为溺爱会让孩子变得没规矩，所以常常严苛以待。也因此，爸爸在不知不觉间成为了孩子心中严厉的角色。

妈妈觉得若想与孩子产生共鸣，就应该对孩子友好相待，所以经常称赞孩子。相反，爸爸认为，为了培养孩子的忍耐力和好习惯，该严格时就要严格，所以常说一些否定的话语。但是，否定或威逼的话语会在孩子的心灵深处烙下创伤，让孩子与父母渐行渐远。虽然很多父母都知道需要与孩子展开有所共鸣的对话，但是实践起来并不容易。

时至今日，父母与孩子沟通的方式必须做出改变。再加上，最近在育儿领域，爸爸的角色正在被重新定义，所以时下需要爸爸们摆脱严父的形象，成为孩子们信赖并且遇事能一起商量的朋友，即，一个全新爸爸的角色。

从孩子人生的起跑线开始，父母便拥有最大的影响力。获得父母的信赖与尊重的孩子会积极向上、充满自信，为完满的人生奠定基础，而这一切都始于沟通。

孩子的想法必定与爸爸的不同

大多数的爸爸都专注于职场与家外事，与孩子在一起的时间少之又少，久而久之，孩子的生活中便没了爸爸的位置。爸爸平时对孩子漠不关心，却在闲暇之时突然想和孩子对话。尽管孩子一直在成长，但是爸爸对孩子的印象还停留在从前，对话方式也不曾改变。

当爸爸过来搭话时，对于这一切感到陌生的孩子或吞吞吐吐，或话不投机，总之回应起来非常别扭。爸爸与孩子无法沟通的原因正是在于爸爸以自己的视角去看孩子，以自身的标准去引导对话。孩子小的时候也许会认为爸爸喋喋不休，但是到了青少年时期，他便会觉得爸爸是一个比不上朋友的、可有可无的存在，甚至会将爸爸视为敌人。

这些问题的产生正是根源于孩子与爸爸想法的不同。例如，爸爸认为孩子应该有忍耐力，但是孩子却背道而驰，对一切都轻易放弃；爸爸想和孩子一起玩，但是孩子却更喜欢电脑游戏；爸爸希望能和家人一起度过每一个瞬间，但是孩子却更想和朋友待在一起。

之所以产生这些问题，正是因为爸爸对孩子的内心世界一无所知。爸爸也会像自己的爸爸那样，对自己的孩子采用领导命令的方式，想让孩子乖乖就范，不得有半点反抗。现如今，恐怕再也没有孩子会老老实实地遵循爸爸的想法而活，我们必须接受这个现实。让孩子的想法与爸爸的保持绝对一致，只会让双方的矛盾激化，家里恐怕会永无安宁之日。

引发这些现象的原因多种多样，其中之一便是这个日新月异的世界。世界的变化速度太快，以致我们难以适应。孩子的教育同样如此，越来越让父母无从下手。

那么，如何才能与孩子维持良好的关系？爸爸们需要适应时代的变化，需要学会站在孩子的立场与孩子对话。当孩子感觉到爸爸真正懂得自己、同自己站在同一边时，他自然会打开心扉。如果不去理会孩子的想法，始终固执地逼迫孩子按照父辈的意志去活，那么爸爸与孩子的矛盾会越来越大。

爸爸的自我确认清单

养育孩子是一项创造新人生的工作，而且不容许中途放弃。最近，爸爸们也开始积极投身育儿，抽出更多的时间去关心和陪伴孩子。但要成为一个好爸爸，不是一朝一夕，也不是仅凭一两次努力就能成功的事。

向孩子灌输自己的想法，强迫孩子，对孩子期望过高，这是很多爸爸时常犯的错误。很多爸爸在孩童时代经历的伤痛直到结婚生子还不能抚平，他们往往会把与伤痛相关联的固定观念、坏习惯、对未来的担忧等映射到妻子或孩子身上。

要想成为一个好爸爸，就必须先改掉自己的消极想法或坏习惯，再丢掉一直以来对孩子的固定观念，做到不干涉孩子。在这之前还要扪心自问，弄清楚自己在孩子心中是一个怎样的爸爸。想知道自己是怎样的爸爸，可以通过简单的"自我确认清单"进行测试。

如果回答中有 11~15 个"是"，表示你有足够的能力成为好爸爸，且目前和孩子相处得还不错。有 6~10 个"是"，表示你正处于不倾听孩子心声的状态，可以说是正处在一个与孩子产生矛盾的初期阶段。若想成为好爸爸，请找出填写"否"的原因，并改正自己的错误。如果回答中只有 0~5 个"是"，表示你经常忽视孩子的想法，与孩子矛盾重重。这时的你应该向孩子询问自己的不足，并从改变自我做起。

迄今为止，我们所接受的是单方面命令式的教育，但现在我们很难再用这样的方式教育好孩子。你想在孩子的人生中起到重要的作用吗？那么，你要养成经常反省的习惯，学会站在孩子的立场考虑问题，倾听他们的心声，好好与他们进行对话。

爸爸的自我确认清单

	问题	是	否
1	从不把自己的想法强加于孩子身上。		
2	一天中一次也没有跟孩子唠叨过。		
3	从不把自己的错误转嫁到孩子身上。		
4	在孩子已经承认错误后从不反复斥责孩子。		
5	从不根据自己的心情随意对待孩子。		

(续表)

	问题	是	否
6	孩子遇到困难时，会经常激励孩子。		
7	知道孩子最要好的朋友是谁。		
8	知道孩子擅长什么。		
9	对于孩子所做的事情，从心底里感到高兴并给予过赞美。		
10	偶尔会与孩子共度快乐的时光。		
11	知道孩子的梦想是什么。		
12	知道孩子最喜欢的人是谁。		
13	知道孩子想要什么礼物。		
14	知道孩子喜欢什么。		
15	知道如何培养孩子，并已付诸于行动。		
合计			

与孩子对话之前，需要改正的一些习惯

很多父母自以为对孩子的一切都了若指掌，殊不知孩子每天都在变化，即便懂得昨天的他，但今天的他可能就不一样了。跟孩子对话固然重要，但也不能因此就随便找些话和孩子说。你要先了解孩子今天的心情如何，想要做什么。

如果没有先了解这些，爸爸们就会犯错误，这都是因为不懂自己的孩子。而这种失误会让孩子不再向你敞开心扉，亲子对话也就无法取得任何进展。下面有几种类型，爸爸们看看是否能找到自己的影子。

| 对孩子的情绪不敏感 |

这类爸爸只想着自己的愤怒情绪，却察觉不到孩子已经吓坏了。他们有时会对着正要玩拼图的孩子说："小心别弄乱，要不然就揍你一顿！"这类爸爸，最重要的是要学会读懂孩子的心。要不断地去体察孩子的情绪，自身也要变成一个感情细腻的人。

遇事只会唠叨

这类爸爸通常等不及孩子自己去做，就会用"去刷牙吧""不要掉饭粒，好好吃饭"等话语来一一确认孩子做的每一件事情。这类爸爸可以试着让孩子去做一些之前因为怕孩子做不好而没让他去做的事情，比如跑腿的活儿，或者是一些简单的家务。其实，孩子们远比爸爸想的能干。如果忍不住想要唠叨，不妨问问孩子："能不能帮爸爸的忙？""能帮爸爸整理一下鞋架吗？"

不善言辞

这类爸爸认为棍棒之下出孝子，在孩子做了一些不合心意的举动时，不会先耐心地慢慢劝导孩子，而是直接动手，或者大声训斥。然而，动手打人或者大吼大叫不仅会伤害孩子的心灵，亲子之间的对话也会就此中断。因此，这类爸爸要忍住冲动，尽量用语言来表达，而且与其说"不要做"，不妨试着说"要不我们一起来做一下"，并让这种说话方式成为习惯。

|不能忍受孩子反驳自己|

这类爸爸在孩子对自己所说的话表示异议时，就会勃然大怒。他们觉得孩子说出自己的想法就是"没规矩""没礼貌"的行为，所以会强迫孩子顺从自己。但这样做的话，孩子就会讨厌与爸爸一起做事情。所以，爸爸们首先要了解孩子们喜欢什么，并且最好是让孩子们做自己喜欢做的事情。

|动不动就跟孩子诉苦|

这类爸爸会经常对孩子说："爸爸已经很辛苦了，怎么连你都这样对爸爸？"他们会无休止地对孩子诉说自己为这个家付出了多少，而有着这种爸爸的孩子通常会很早熟。与其跟自己的孩子诉苦，不妨坦率地表达自己的期望。比如，与其说"真为你感到伤心"，不如说"爸爸希望你能够早点起床"。

第二章
孩子心目中的好爸爸

"把孩子培养成优秀的人"和"跟孩子好好谈心"是异曲同工的两句话。因为无论是说教、惩罚，还是威胁，都绝不可能让孩子依照我们所希望的方式长大，孩子完全是依照自己的感悟长大成人的。所以，大人们唯一能做的就是与孩子对话。

首先，要懂得聆听

越来越多的爸爸想成为孩子心目中的好父亲。因此，很多爸爸在百忙之中选择上"好爸爸培训班"，或者参加好爸爸聚会。但是学以致用，却不是一件简单的事情。作为爸爸，他们觉得自己为了这件事已经竭尽全力了，但是与孩子的对话还是经常会中断，而且他们通常会为找不到对话的主题而苦恼。那么，与孩子对话如此不易的原因是什么呢？

所有的父母都希望自己跟孩子说话时，孩子能够认真地听。但是父母们要知道，孩子也有同样的期待，希望父母能够专心听他们讲话。与孩子对话的窍门就在于此：家长们即便觉得孩子说的话没什么意义，也要认真聆听。

聆听，就意味着全然地听取对方的话。一个人在对方能够全然地接纳自己的时候会心神安定，并产生努力进步的欲望，孩子也一样。很多爸爸认为第一时间指正孩子的错误行为是最佳方法，所以，他们通常不会去聆听孩子的心声，而把更多的精力放在了指正孩子的错误上。但是，比批评指正更为有效的是积极聆听孩子的心声，具体方法如下：

做出积极的反应

要体会孩子的感受，给出积极的反应，这样孩子才会敞开心扉。比方说，用"啊，是吗""真是遗憾啊""也许我也会那样做""肯定很开心吧""天啊，你肯定很伤心吧"等话语回应孩子，让孩子感受到爸爸是理解自己的。

看着孩子的眼睛说话

为了表现出自己正专心听孩子说话，爸爸最好用充满爱意的眼神凝视孩子，说话时将上半身稍微倾向孩子。而且，听孩子讲话时，最好点头表示肯定孩子所说的内容。如果将上半身往后仰，避开孩子的视线，或者眼神流露出对孩子有所要求的信息，孩子会觉得自己被拒绝或被无视。

提问是关心孩子的表现

爸爸们自以为很了解孩子，所以在很多情况下，孩子还未说话，爸爸就先估计孩子大体会讲些什么，然后自行做出判断。但越是这样，孩子就会越发退缩，无法对爸爸打开心扉。因此，爸爸们切记不要提前判断，要尽力表现出想了解孩子的样子。如果不是很了解孩子，就要先向孩子提出问题，让孩子知道爸爸对自己的话感兴趣。彻底了解孩子后，亲子间自然就会产生更大的共鸣。

| 舍弃成见，用心倾听 |

爸爸在评判孩子时，往往会从孩子以往的表现说起。换句话说，爸爸不认同孩子现在的模样，以及孩子的变化与成长。这样的不认同会让孩子不开心。为了打开孩子的心扉，爸爸要抛弃过去的偏见，努力看到"现在"的他。与其指出孩子的缺点、问题，不如找出隐藏在孩子身上的优点和潜力，并倾听孩子所说的话。

| 不要想赢过孩子 |

爸爸要时刻铭记自己为什么要与孩子进行对话，不能被自己的情绪困扰。与孩子对话时，不能因为自己不顺心就发脾气或者训斥孩子，这样做的话，孩子很容易把心门关上。

只要能倾听孩子，并且不批评他所说的话，孩子就会打开心扉，坦诚地讲出自己内心的想法和存在的问题。在心理治疗过程中也是如此，倾听来访者的心声往往就能解决问题。这究竟意味着什么？这表明，无条件的宽容与接纳会让对方打开心扉。孩子们在说出自己的心里话后，都会无一例外地感到心情舒畅，自信心也会得以提升。

读懂孩子内心的 10 个对话技巧

1. 每次见到孩子都要面带微笑。

2. 疲惫或者情绪激动时，要避免谈及深刻的话题。

3. 在孩子吐露真心之前，需要耐心等待。

4. 说话时，要努力做到语言表达、表情和动作所传达的信息一致。过程中可以用"我也知道""能够理解""是啊"等言语表示赞同。

5. 孩子表现好的时候，要称赞孩子，并用语言表达出喜悦之情。

6. 听不懂孩子的意思或弄不清楚孩子的意图时，请孩子再说一次。

7. 孩子说话时不要打断他，即便对话内容只是些鸡毛蒜皮的小事，也要表现出珍惜的态度，这是有效对话的基础。

8. 禁止说出"那样不对""怎么能那么想呢？"之类的话。要谨慎使用一些带有负面信息的话。

9. 不要用"为什么"开启对话。"为什么迟到了？""为什么你总是这样？"之类的问题，只会引来"因为……""是啊，我也不太清楚"等毫无效果的对话。但是，把"为什么"换成表示疑问的"什么"，对话会更顺畅、更有效，不妨用"应该是发生了些什么吧"来展开对话。

10. 写一张"我爱你""爸爸为你自豪"等小字条，放在饭桌上或者贴在镜子前，会是个传达爱意的不错的方法。

02

成为孩子的最佳聊天对象

　　成为孩子的最佳聊天对象，就意味着孩子一有话题就想与你分享。想要成为孩子的最佳聊天对象，爸爸们首先要读懂孩子的心，知道他们为什么要与你对话，想要些什么，心情如何。如果没有理解孩子的心思就开始对话，很可能会演变成不合孩子心意的、单方面的对话。那么，孩子心目中的好爸爸到底是什么样的？

| 不吝惜赞美 |

　　每个人都喜欢被称赞，因此，爸爸也不能吝于赞美孩子。赞美孩子就是去发现孩子的优点，也像是在赞美自己。乍看之下再平凡不过的孩子，仔细找找也能发现一两个优点。发现优点，真诚地称赞，孩子会因为感觉被认可而高兴无比。但是，也不能勉强编造出虚假的赞美话语，这只会让亲子关系变得更加糟糕。用老套的方法无条件地称赞孩子，只会让孩子有心理负担，或者产生虚荣心，对帮孩子树立正确的态度毫无帮助。

遵守对话的原则

良好的对话模式有一定的规律。一个人独占发言权不符合这一规律，爸爸不应打断孩子的话；爸爸在表达自己的看法时，要给孩子反驳的机会。另外，不能因为孩子不听，爸爸就任意转换话题。在进行对话的过程中，还要关注孩子的表情和动作。如果孩子表现出不情愿、回避视线或者懒散地挪动身体，则要分析一下原因是什么。很多时候，比起语言，孩子的举动更能准确地表现出他的内心。

其实，孩子想要的很简单，就是希望爸爸能够理解他们。但爸爸们却总是自以为是，从成年人的角度与孩子对话。越是如此，亲子关系就越是疏远。这种情况下的对话，只会让孩子反感。

站在孩子的视角倾听和思考

很多孩子与父母的对话中，爸爸总是训斥孩子，而孩子则试图辩解。双方都站在与彼此想法完全不同的角度上对话，久而久之，孩子的心门就会因此而关闭。如果想要打开孩子的心扉，首先要做到的就是，不要只站在成年人的立场上去理解孩子的话，而是应该从孩子的角度去倾听和思考。只要能从孩子的立场找出必须那样做的理由，无论什么样的对话，都能自然平和地进行。

努力认同只属于孩子们的世界

即使是年龄再小的孩子，当父母毫不客气地指出自己的缺点并命令自己改正时，也不能心甘情愿地接受，就算是成年人也很难做到。即使出发点是善意的，在孩子看来，听父母的忠告，尤其是命令式的忠告，也并不是一件让人高兴的事。这种教训或者说教的口气不仅效果很差，而且容易起到反效果。

如果想站在孩子的立场上对话，我们首先要将孩子当成一个独立的个体。孩子和父母一样，成年人有成年人的世界，孩子们也拥有自己的生活圈。所以，我们需要做的是——认同孩子们的世界并努力与他们感同身受。

如果爸爸能够接受孩子的一切，并将孩子当成一个独立的个体，努力把自己真心的关怀传达给孩子的话，孩子就会渐渐开始倾听爸爸的话。比如，在安慰一个因受伤而嚎啕大哭的孩子时，将"停！太不像话了！"换成"肯定很疼吧！"把孩子当成一个具备成熟人格的个体来看待，体会孩子的苦痛，孩子们就会很快停止哭泣。

| 不同的表达方式会引发完全不同的反应 |

孩子们会对爸爸不同的表达方式，做出完全不同的反应。如果一味地批评晚归的孩子，那么，在认识到自己的错误之前，孩子们会先反抗。但是，如果看到爸爸焦虑地等待，并期盼着自己平安归来，孩子们则会因此而感动。所以，有些表达方式会引发孩子的反抗心理，有些表达方式则会让孩子认识到自己的错误，并且想要改正缺点。

人们常以为对关系亲密的人不用表达自己的真实想法，对方就能懂自己在想什么。但事实上，无论是谁，如果不将想法表达出来，没有人会了解我们的真正意图。对于年幼的孩子来说更是如此，如果爸爸不直接表达自己的想法，他们无法自行体会。比如，对一个不想洗漱的孩子敷衍地说："好吧，我知道了！"不如对孩子说："你不喜欢洗脸是因为会把衣服弄湿，很不舒服，对不对，那来和爸爸一起洗怎么样？"这样对孩子表达出具体想法的沟通更加有效。因为，孩子一旦觉得可以自由表达自己的想法，而且爸爸也对自己表示认同，他就会接受"即使不舒服也要洗脸"这种既定事实了。

对话结束后，可以给予孩子充满爱意的爱抚。这种接触会让孩子相信爸爸是真正地爱着自己。对于孩子来说，在幼儿时期从家长处获得的爱越多，他将来就越有可能成为一个内心温暖的成年人。

爸爸的一句话

和孩子对话时，要全然地接受孩子，并理解他的感受。

孩子：爸爸，我为什么要吃胡萝卜呢？

爸爸：说什么胡话，你一定要吃胡萝卜！

孩子：可我真的很不喜欢吃啊！

爸爸：才吃了多少就这么胡闹啊。

孩子：这种东西怎么能每天都吃得下啊！

爸爸：话怎么这么多，快吃。你有抱怨的时间，早都该吃完了。

孩子：啊，我真的很讨厌吃这个。

→如果一味强迫孩子做他不想做的事情，最终只会让孩子反感，阻碍亲子间的对话。

换一种说法

孩子：爸爸，我为什么要吃胡萝卜呢？

爸爸：看来你很想知道为什么要吃胡萝卜啊！

孩子：对呀，胡萝卜既不好吃，我又很讨厌，不明白为什么要吃。

爸爸：原来你是因为胡萝卜不好吃所以不吃，是吗？

孩子：我真的很讨厌这个。如果要我吃这么难吃的东西，那我就不吃了。

爸爸：看来秀贤为了吃胡萝卜费了很多劲呀！

孩子：对呀，不想吃。

爸爸：秀贤呀，你不是说很想变得漂亮吗？如果想变漂亮的话，吃胡萝卜这样的蔬菜最有效呢。

孩子：哦，是这样吗？那我要吃。

爸爸：对呀，看到我们家秀贤这么爱吃胡萝卜，爸爸真是高兴。

→我们应该站在孩子的立场上考虑孩子的诉求，然后以孩子为中心进行对话。

04

留出陪伴孩子的时间

在和孩子对话的过程中，氛围十分重要。只有心情愉悦才会促成良好的对话。能够让孩子体会到和家人相处是快乐的事，就能营造出最好的对话氛围。但是，一起享受欢乐时光的重点并不在于时间的"量"，而在于"质"。即便相处的时间很短，只要体会到了幸福感，孩子就会期待和父亲相处；相反，如果认为和爸爸相处会有负担，孩子自然就会躲避爸爸。

|即便时间很短，也要养成陪伴孩子的习惯|

如果想和孩子度过愉快的时光，那就不能一味等待偶然出现的机会，而是应该提前计划。也就是说爸爸要善于做计划，找出自己和孩子都喜欢的，即使时间短暂也能共创美好回忆的活动。如果全家人不能一起参加的话，爸爸妈妈也可以互相交替着和孩子共处。睡前是和孩子对话的良好时机。在这个过程中，最重要的是让孩子认识到爸爸为了陪伴自己一直在努力。

和家人一起度过美好时光的最好机会就是家庭旅行。而对于一些电视瘾、网瘾很深的孩子来说，旅行也会成为他们亲近自然的特别机会。旅途中，一家人相处的时间变长，彼此对话的时间自然也会增长。不过，也要考虑孩子的意愿。如果只是爸爸单方面的想法，孩子提不起任何兴趣，就失去了全家旅行的乐趣。要注意的是，如果不能引导孩子自发地参与进来，强制性地带着孩子的话，那么在旅途中，孩子不仅不会感到快乐，反而会表现出焦躁情绪。

| 陪孩子一起聊天，做孩子喜欢的事情 |

陪伴孩子做他喜欢的事情，爸爸和孩子很自然地就会聊起来。比如，我们可以对正在堆积木的孩子说："承浩啊，你现在做的是什么啊？爸爸也和你一起吧！"孩子发现爸爸对自己所做的事情感兴趣时会很高兴，并且会愉快地和爸爸聊天。还有，我们要仔细观察孩子并用心记下孩子的喜好，参与到孩子喜欢的事情中，自然地和孩子展开对话。

想和孩子共度愉快的时间，单纯考虑周围环境是不够的。成为孩子心目中温暖的好爸爸，也是打开孩子心门的重要一环。毕生都在照顾贫困孩子的唐·博斯克神父这样说道："我们只爱孩子是远远不够的，我们应该设法让他们知道自己是被爱着的。"其实，人人都希望被爱、被理解。而孩子在感受到爸爸对自己的爱之后，就会产生对生活的渴求，并学会享受生活中的乐趣。

隐藏在孩子话语中的内心感受

孩子们会在自己遇到困难或处于不利的情况时，选择说谎或者不直接表达自己的想法。举一个比较极端的例子，有过被性侵经历的孩子在接受调查时，因为不安，陈述自己的遭遇时，常常会发生推翻陈述或者答非所问的情况。而这种因为证据不足而导致无法顺利处罚罪犯的情况屡见不鲜。

即使是孩子们不经意间说出的话也有其含义。所以，在和孩子对话的过程中，不能因为是孩子们说的话就不加以重视，我们应该思考孩子们这么说的理由。因为孩子们的话是将自己的所见、所闻、所感、所思、所经历的事情全身心地品味后，再经过过滤和整理而成的。

|相比语言，非语言信息更重要|

想要掌握孩子话语背后的隐藏意义，分析孩子们表现出的非语言行为会很有帮助。非语言行为指的是语言之外其他有形的沟通，也被称作肢体语言。肢体语言就是"身体语言"，可以细分为态度、姿态、手势、表情以及视线等。这些与其说是通过"听"来交流，其实更近乎于一种看得见的交流。点头、攥拳、抓紧胳膊、转动手指、深深地呼一口气、出冷汗等都属于非语言行为。与所说的内容相比，声音的抑扬顿挫和颤音、目光、手势、语调、表情、姿势等往往包含着更深层次的信息，我们应该充分认识到这一点，并细心留意这些信息。

|咬指甲的孩子|

孩子经常啃指甲，是源于内心深处的混乱和不安。当孩子感受不到所做的事情的乐趣时，就会不断摆弄自己的身体。通常孩子觉得家庭氛围不好或人际关系不佳时，内心就会产生不安，感到不自在。遇到这种情况，按照如下的方法展开对话，可以有效安抚孩子的不安情绪。

● "是不是有什么事让你心烦啦，爸爸会帮你的，和爸爸说一说吧。"
● "你现在是不是想做其他的事情啊。你想做什么呢？"
→在孩子有不安情绪时，如果爸爸理解孩子的心情，孩子就会感受到爸爸是在认同自己，从而缓解不安的情绪。

|吃饭时到处走来走去的孩子|

很多孩子在吃饭时每次都只吃一口就开始到处走来走去，之后又会折返回来继续吃饭。这些孩子多半是偏食，或者不喜欢吃这些菜。而之所以这样，应该是一段时间里，孩子的父母曾经追着孩子喂饭，给孩子养成了被喂饭的习惯，导致他毫无应该坐在饭桌前吃饭的概念。在这种情况下，我们可以按照下面的办法改变孩子的就餐习惯。

● "你不是说想长个子吗？吃这个就能长高了，你不吃吗？"
● "如果你吃这个的话，我会给你读你喜欢的童话书哦。"
→不要直接指责孩子的行为，可以通过做一些孩子喜欢的事情，减少孩子的问题行为。

|喜欢独处的孩子|

喜欢躲在角落里玩耍的孩子，不想在属于自己的时间里受到打扰，同时这些孩子会对别人长时间的观察倍感压力。内向且胆小的孩子更容易表现出这种倾向。此时，可以通过下面的话语开启对话。

● "和爸爸一起做点儿什么（孩子喜欢的事情）吧！"

● "看爸爸给你买了你喜欢的洋娃娃哟！"

→对于内向或者无法融入集体的孩子，要通过体贴的关心和话语营造让孩子参与对话的机会。

与孩子对话时，除了要与孩子保持同样的视角外，还要了解孩子话语中隐藏的意思。人们往往愿意为了解自己的人做任何事。因此，当孩子看到爸爸理解自己时，他们也会做出爸爸所期盼的事情。我们需要做的就是，观察孩子的行为，了解孩子真正想要的，并站在孩子的立场上进行对话。这样，孩子就会成为爸爸的拥护者了。

孩子逃避对话怎么办

孩子总是回避与爸爸对话，是因为之前的对话给他们留下了不愉快的印象。想要打开孩子的心门，就得耐心等待，给孩子足够的时间，不能一味地强求与孩子进行对话。如果孩子害怕爸爸，亲子对话会变得更困难。那么，该如何与不爱言语的孩子对话呢？

切勿急于求成

首先，看着孩子的眼睛，并将自己很担心他的信息传达给孩子，可以尝试着用"我们小罗最近看起来闷闷不乐的，是不是有什么心事呢，我有点担心哦"这样的话语开始对话。就算孩子不愿意回答，也不要责备孩子或是强迫孩子给出答案。批评孩子："你打算一直不对爸爸交代吗？要是不愿意说就不要愁眉苦脸的，整天苦着脸给谁看呢？"或者冷言冷语"不愿意说就算了"，都不太妥当。

爸爸要尊重孩子不想讲话的意愿，退让一步，对孩子说："要是改变心意了，无论什么时候都可以对爸爸说，我随时准备听你的话。如果需要爸爸的帮助，随时告诉爸爸，爸爸等着你哦。"这样的等待能够让孩子感受到爸爸的心意，也能给孩子时间和空间去调整心情。

在孩子说话的时候，可以适当地穿插一些回应，并认真倾听孩子的话语，例如"啊，这样啊""原来发生了这样的事啊""嗯，好"，同时点头加以肯定。这些回应能够表达你的关心和爱，孩子也会认为你是在真心聆听自己的话从而产生安全感。对话结束时，为了感谢孩子能够对自己打开心门，可以说："原来小罗经历了这样的事情，爸爸还一直蒙在鼓里呢。小罗啊，谢谢你愿意和爸爸分享，我真的很高兴。"

就算孩子苦恼的事情是一件你未曾料到的大事，也不能在孩子面前表现出不安或者对孩子发火，因为如果爸爸的情绪不稳定，孩子很有可能再次关上自己的心门。想和不愿说话的孩子对话，就要给孩子一点时间，耐心等待，并注意不要做出让孩子再次关上心门的行为。

|孩子沉默的原因|

过去二十年来，心理学家们发现，孩子们之所以不愿向爸爸吐露心声，是因为爸爸无意识、习惯性说的一些话给孩子留下了不好的印象。指示、强制、命令等话语会对孩子产生负面影响，下表详细列出了几种会让孩子关上心门的话语例子，爸爸们可以自我检测一下平时是否会对孩子说出类似的话。

让孩子关上心门的话语

类型	内容
强制、指示、命令的语气	"把房间收拾一下！""今天下午一定要把这些都完成！""你去帮我跑下腿！""吃饭的时候别说话！""马上给我停下！""闭嘴！""别动！""我让你别做！"
警告、威胁的语气	"你再这样我就要生气了！""不准时到的话你自己看着办！""等着瞧！""我劝你还是按我说的做，不然有你好果子吃！"
嘱咐、讲道理、说教的语气	"行为要端正。""做人要善良。""勤劳点才能过得好。""这样做的话一辈子都会吃苦头的。""你现在也长大了，自己的事情得自己做啊。"
指责、质问的语气	"你到底是像谁啊，总是这样？""我居然还相信你。""我没有你这样的儿子。"
嘲笑、讥讽的语气	"爱哭鬼。""缺心眼。""笨蛋。"
猜测、推断的语气	"我知道你在说谎。""是你做的吧？""老实说吧，考试没考好吧？"
固执追问的语气	"为什么这样？""我让你说话。""所以呢？"
忠告或者用逻辑来说服的语气	"那种事得和爸爸商量一下才行啊。""你知不知道那样做以后会变成一个乞丐啊。"

类型	内容
评价、批判、嘲弄的语气	"看来等你懂事还远着呢。""你那样做打算以后靠什么生活？"
敷衍、转换话题的语气	"总之是有那样的事情。""你不用知道。"
比较的语气	"你朋友们都做得很好，你要是能有他们一半就好了。""某某的学习成绩也很好，可你怎么这副样子呢？"

经常用指示或者命令的语气和孩子说话，会让孩子感到压抑进而失去自己的个性。如果时常听到指示、命令等语气的话语，孩子会认为自己很无能，往往会反抗而非改正自己的行为。而警告、威胁的语气是在命令无效时爸爸们惯用的、更为强烈的表达自我想法的方式。这种语气会将孩子逼进死胡同，让孩子更加不安。孩子本应和爸爸亲密相处，但这样的语气却只会让孩子产生抵触感和埋怨的情绪。

其实，很多大人都很难做到自己对孩子说的那些说教性很强的要求。并不是说教得越多，孩子就能做得越好。那些具有训诫性、要求孩子行为端正的话语常会让孩子觉得这只是爸爸的老生常谈，所以孩子通常会左耳进右耳出。指责、质问、嘲笑、讥讽的语气会给孩子内心造成无法挽回的伤害。猜测、推断的语气或者固执追问的语气会让孩子感到慌张，并产生羞耻感。如果孩子认为是爸爸的判断错误，他就不会想再和爸爸对话了。

忠告或者用逻辑来说服的语气会让孩子觉得自己无能，进而失去自信心。评价、批判、嘲弄的语气会伤害孩子自尊，让他变得更叛逆，同时，孩子不仅会失去信心，甚至可能变成自卑的人。通常大人为了避免麻烦而说谎，或者做出无法实现的约定以便岔开话题时，会使用敷衍、转换话题的语气。这样的语气会让孩子失去对爸爸的信任。与其他孩子进行比较的话语，会让孩子感到羞耻、羞愧，产生嫉妒心。

| 一句肯定的话，让孩子打开心门 |

如果常用以上的语气说话，孩子在这样的环境中长大，自然会觉得爸爸不关心自己，也会觉得自己是个不幸的孩子。他们会因此看轻自己，会顶撞、反抗、埋怨、发火、一意孤行，也不会再向爸爸敞开心扉。因此，应该常对孩子说一些肯定的话语，而不是否定、带有自以为是的评判的话语。

听了爸爸肯定的话语，孩子会产生"啊，原来我爸爸是肯定我的"这样的想法，从而会为了在父母面前展现出更好的自己而努力。只要多站在孩子的立场考虑问题或者语气尽量委婉一点，就能进一步同孩子展开对话。

PART 2

激发孩子潜能的对话法

第三章
提升孩子自信心的对话法

观察那些学习不好的孩子就会发现，他们大多都没有自信，没有自信自然就没有上进心，所以会讨厌学习。想要孩子健康成长，最重要的就是培养孩子的自信心。有很多孩子会因为害怕自己做不好或者不会做，就中途放弃甚至都不愿意尝试。这个时候，爸爸的一句话会让孩子得到如获千军万马般的勇气。

从"炫耀"中发现孩子的潜能

"我家有台超级大的电视机，你家有吗？""我上次去了香港哦。""昨天我去大酒店吃饭啦！"这是孩子们之间经常说的话，言语中常常带着炫耀和自豪。孩子们的好奇心和炫耀心很强，所以习惯在小伙伴面前炫耀。有研究结果表明，爱炫耀的孩子很容易受排挤。

爱炫耀的孩子在家里也一如既往。做完某些事情后，他们不会轻易就让这件事情过去，而是会询问"我是不是做得很棒？"他们往往在获得爸爸妈妈的肯定之后才肯善罢甘休。孩子这么做其实是想得到爸爸妈妈的关注与肯定。这个时候，不应该为了让孩子懂得"谦逊"而一味地指责孩子，这样会压抑孩子"炫耀"的天性，也会让孩子失去自信。

当孩子"不懂装懂"或者"炫耀"的时候，首先应该想想他们为什么会这样做，而不是一味地指责孩子。当孩子真的无所顾忌地"不懂装懂"或者"炫耀"时，可以告诉他："你这样的话朋友会讨厌你的，炫耀可以，不过要适当。""虽然你做得的确很棒，但是对别人你应该这样说……"

如果孩子是因为想要获得爸爸妈妈的肯定，或者因为没有自信才"不懂装懂""炫耀"，父母不妨先肯定一下孩子的"自卖自夸"，因为孩子只是出于想让对方更了解自己的目的才这么做的。如果不理解孩子，只是一味地指责批评，孩子会因为得不到肯定而丧失仅存的自信心。

孩子们会在对话中产生"不管我说什么，爸爸都会相信我""就算我失败了、犯错了，爸爸也会理解我"之类的想法，然后孩子自然而然地就会信任爸爸，父子间会形成一种情感上的纽带关系。在这些信任和联系的渐渐积累之下，孩子会获得"我真的是个不错的人""我有个可靠的永远相信我、支持我的爸爸"之类的自信，今后不管做什么事情，都会信心百倍。

李媛淑女士带着七个子女移居美国西雅图，一边经营一家韩餐馆，一边照料孩子，并且将三姐弟郑明勋、郑京和、郑明和栽培成了世界级的音乐组合"郑Trio"。这位母亲的成功之道在于，尊重孩子自己的判断和决定，愿意耐心地等待孩子。她认为，虽然孩子们会"耍帅""炫耀"，但是孩子们的这一天性肯定会给孩子带来自信。

很多父母会因为孩子还小，就轻视孩了的判断力，但是李媛淑女士却非常重视孩子们的意见，努力给孩子们营造一个最佳环境。她努力找出并肯定孩子的优点，孩子们也因为妈妈的肯定而信心百倍，最终成为了世界级的音乐组合。

爸爸的一句话

每天早晨孩子去学校的时候，可以尝试着对他们说下面这些话。孩子听了爸爸的话一定会自信心爆棚。

● "无论何时爸爸都会为你加油！"

● "你对爸爸来说真的非常重要。"

● "来，鼓足劲儿，加油！"

"成功的路上总会伴随一些非难"

　　人人都害怕批评，更别说小孩子了。但是，受到批评之后，成年人懂得如何去调整情绪，而孩子们则会紧张不安。一句无心的指责可能会加重孩子的错误行为，也会让孩子丧失自信。

　　对于那些遭受批评后丧失信心的孩子，爸爸应该主动去找出他们擅长和喜欢的东西，并在一家人相聚时营造一个能让孩子自然而然地表现出那些优点的氛围。而这就需要在平时多关心孩子、了解孩子。如果不了解孩子，让他去做一些不擅长或是讨厌做的事情，他就会感到气馁，变得越来越没有信心。虽然一开始孩子可能会对你营造的氛围不适应，但是多给孩子一点时间让他去努力，他一定会重拾自信。

　　让孩子建立自信的方法之一，就是给孩子讲历史人物的故事。讲他们如何历经挫折却决不气馁，直至最后成为伟人。

贝尔在发明出世界第一台电话机之前经历了无数挫折。尽管他的通信实验成功了，但是人们仍旧把他当作一个精神病患者，因为人们都认为，人和人之间面对面对话就可以了，贝尔却非要造出一个玩具似的机器来进行对话，让人难以理解。尽管不被看好，贝尔还是发明出了电话并且获得了专利。当贝尔提出要将专利以十万美元卖出时，当时世界最大的电报公司"西联汇款"老板认为贝尔的发明一钱不值，一口拒绝了贝尔。贝尔并没有气馁，也丝毫不介意别人的言论，他成立了一家以自己的名字命名的电话机制造公司。最终，给人类带来巨大便利的电话机开始普及，贝尔也赚回了比研究期间投入的经费还要多几万倍的钱。

发明飞机的莱特兄弟也是一对伟大的挑战家。当时，人们都认为人类不可能飞上天，并不看好莱特兄弟的"荒谬"挑战，认为那是"疯子的行为"。然而莱特兄弟从不屈服，也无视一切指责。经过发展性、建设性的争论后，两人有了完善的计划，并最终造出了飞机，成功飞上了天空。

这些引领时代的发明家的生活并非一帆风顺，他们不仅要挑战自己，还得忍受周围无数的非难。就像一句古话说的那样："木秀于林，风必摧之。"如果你与众不同，或者领先于人，总有那么一些人见不得你好，甚至指责、中伤你，想要看你跌落谷底。

如果孩子因为外在的评论而不敢表达自己的意愿时，爸爸应该告诉孩子"成功的路上总会伴随一些非难"，鼓励他不要害怕。在日常生活中，爸爸可以做一些事情来激励孩子，比如将孩子的画挂在墙上，挑一些孩子做得好的事情告诉别人等。

══ 爸爸的一句话 ══

在孩子做完事情后，可以夸夸他，让他重拾自信。

● "不愧是我的女儿，好厉害！"

● "我们胜宇真乖！"

● "我们俊洙真是勤快！"

03

不轻言放弃的孩子，全靠爸爸的鼓励

要让孩子成为一个强大的人，就需要锻炼孩子不轻言放弃的意志力。在此过程中，爸爸的激励尤为重要。如果孩子对某件事情很感兴趣，并且很想尝试，爸爸就应该鼓励孩子抓住一切机会、坚持不懈地去努力。坚持到最后的孩子会获得巨大的成就感。

为了不让孩子在一开始就放弃，爸爸可以说一些温暖的鼓励的话语，例如"坚持到底的东洙真讨人喜欢""觉得困难的话爸爸会帮你，随时可以说出来"等，这比"不要放弃""不准放弃"等命令性的话效果更好。如果孩子完成了自己的目标，就会获得一种成就感，孩子的自信心也会随之增强。这样积累的自信会成为漫长人生旅途中巨大的财富。

电视中经常出现一位名为高胜德的律师，人们都对他原本的职业很好奇，因为他有时候以律师的身份出现在人们的视野里，有时候又是一位证券分析师。人们都称他为天才。还在首尔大学法学院上学时，他就参加了司法考试，成为了韩国最年轻的律师，还在外交官高等考试中名列第二、行政高等考试中名列第一，成为名副其实的三冠王。

高胜德能够准确地把握时代的脉动，洞察未来社会的潮流，并让自己成为这些领域的专家。

谈到自己的成功因素时，他回答："只要不放弃，就没有不可能。""不可能"只存在于你选择"放弃"的瞬间。他还告诫人们：绝对不要认为自己比别人更优秀。这句话的深层含义便是：不要认为自己比别人优秀而骄傲自满，自己和别人的能力都是一样的，想要比别人优秀，就得比别人更努力。

印第安人会在干旱肆虐时举行祈雨祭。据说印第安人的祈雨祭很灵验，这是为什么呢？根据研究印第安人风俗的学者们的研究结果，印第安人并没有什么超能力，他们只不过是在雨来临前一直不停地祈雨。也就是说，坚持到底就会迎来胜利。

爸爸能够给予孩子的，就是将孩子培养成一个不轻言放弃的人。人生就像一场运动比赛，有输也有赢。运动比赛最令人感动的莫过于反败为胜的喜悦。但是，因为暂时的失利而放弃，就不会再有反败为胜的机会。因此，要坚信只要不放弃，就有可能转败为胜。

当孩子害怕做某件事，或者因为暂时的失败想放弃时，爸爸应该理解孩子，"爸爸不但没有发火，反而鼓励了我"，只要孩子产生了这样的想法，他们就会充满信心地去接受挑战。

━━ 爸爸的一句话 ━━

当孩子完成了一件他并不喜欢的事情、运动或学习时，请鼓励他一下吧！

● "每个人都有不喜欢做的事情。"

● "你比以前进步了好多！"

● "你完成了以前一直想做却没做的事情，真的很了不起啊！"

帮助孩子克服恐惧的话语

　　小学五年级的仙英是人人羡慕的优等生，她在班里是班长，又在校内外各项活动中获得过很多奖项。仙英是"学校的骄傲"，也是"家人的骄傲"。但是在一位老师批评她的回答不够正确后，仙英开始变得沉闷。

　　她开始在意别人的眼光，变得只愿意做自己擅长的事情，开始灰心丧气了，爸爸怎么劝都不管用。一个小小的挫折竟然把一个"优等生"瞬间变成了一个没有自信的孩子。由此可知，孩子们常会因为一时的失利大受打击。

　　在托马斯·爱迪生 84 年的漫长人生中，总共有 1093 项发明专利，他也是经历了无数失败之后才取得了成功。爱迪生的母亲从没忘记在儿子饱受失败和挫折的时候给他鼓励，即使他的失败没有因为年龄的增长而停止。六十几岁时，他在全神贯注的实验中不小心烧着了研究所，一切都化为了灰烬。但是他没有因此一蹶不振，让他重新站起来的动力正是儿时母亲给予他的鼓励。儿时的激励能让孩子一辈子都充满信心。

韩国电视节目《成功时代》的 189 名出演者，都有一个共同点——都会在节目中讲述成功之前所经历的绝望和失败。节目想传达的信息就是：至少要经历一次以上的失败才能迎来成功的人生。告诉孩子，失败是人生必经的过程，越大的成功背后或许就会隐藏着越大的失败，所以失败并不可怕。

美国职业棒球传奇选手贝比·鲁斯曾经有 1330 次退场记录，但我们只记得他打过的 714 个本垒打。篮球之神迈克尔·乔丹 12 岁时获得了 MVP，但是他升入高中后却在校代表队中落选。可是，他没有因此放弃篮球，而是不断地努力，所以才成就了后来的传奇。英国小说家约翰·克瑞西出版了 564 部作品，被评为"底蕴最强的小说家"。殊不知，在这惊人记录的背后，却是他被多家出版社拒绝 753 次却不放弃的精神。

还有，1988 年登上摇滚乐名人堂的戴安娜·罗斯，在她第九张专辑发行之前，没有一首歌进入排行榜，但是她没有因此放弃，终于发行了流行神曲《无尽的爱》(Endless Love)。娱乐产业之父、迪士尼公司的创始人华特·迪士尼，他曾经历五次破产，才有了现今的成就。成功的人们从不害怕失败，并且一路披荆斩棘，才达成了他们想要的目标。

爸爸们要让孩子们懂得失败是必经的过程，失败了也无需害怕。去激励那些害怕失败或因失败而气馁的孩子吧，他们会因为你的激励而逐渐成长为自信满满的人。因此要注意千万别用以下方式和孩子说话。

- "你怎么什么都做不好？"

- "不看也知道，我就知道会这样。"

- "爸爸是不是说过不要那样做。"

- "我就知道，你做什么都那样，就知道会出事。"

- "想了半天就想出来这个？"

- "没有你想的那么简单。"

- "做不到的事，一开始就不要去做。"

- "我就知道，你什么都做不好。"

要想让孩子们不害怕失败，首先就要让他们知道：爸爸并不在乎结果。

══ 爸爸的一句话 ══

- "每个人都有犯错的时候。"

- "第一次都会比较难，多做几次就会简单多了。"

- "不要伤心，爸爸在这儿呢。"

- "爸爸是相信你的。"

- "虽然你没有做到，但是努力的过程已经很不错了。"

- "你真不愧是我的孩子（儿子或女儿）啊！"

05

通过对话让孩子成为有自信的人

"你到底会做什么？""我就知道""你这孩子真让人拿你没办法"……仗着父亲的身份，不自觉地经常对孩子说出类似的话，这些无心之语会无形地影响孩子们的心理。孩子的成长过程有无数变数，这些变数有可能让他们成长为与你所期待的完全不同的人。

｜从小事开始夸赞他吧｜

当孩子想挑战新事物时，不要用大人的标准来衡量他，而是应该在一旁看着他、激励他。你可以用"你能做好的""进步了""没事，不行就再来一次""每个人都会失败，所以别怕""再加油一点就会更好""没有失败哪里来的成功呢"等话语给孩子们鼓劲儿。

每天找出至少一件孩子表现得好的事给予赞扬。不要只用说的，可以摸摸他的头，拍拍屁股或背，轻轻地给他个拥抱，或者露出惊喜的表情，用全身去赞扬孩子。

即使孩子做错了，也不能情绪化地大发雷霆。有时哪怕孩子做得过分了，也要先把自己的情绪调整好后再去面对孩子。

| 不要做比较 |

不要拿孩子与兄弟姐妹或者朋友家的孩子做比较，这会让孩子气馁。人在被比较时都会感到压力，尤其是否定性的比较会给孩子带来心灵上的伤害。就算孩子与同龄人相比在某些方面成长得慢一点，为了不伤孩子的心，也可以找出孩子表现好的地方来夸赞他。

卡耐基的书《怎样才能打动人》（*How to win friends and influence people*）中的故事再一次提醒：父母的话在培养孩子们的梦想方面至关重要。有个少年在那不勒斯的一个工厂工作，他的梦想是成为声乐家，但是老师听完他的歌声后毫不留情地说"听起来像门被风吹得咯吱咯吱响"，并断定他没有音乐天赋。但是他妈妈的态度却截然不同。母亲抱着他并称赞他："你可以唱歌的，而且不是唱得越来越好了吗？"母亲的赞扬和激励使他坚持了下来，他的人生也因此而改变。

这个故事的主人公就是被誉为世界歌王的卡鲁索。他没有因为贫困而屈服，没有被残酷的训练吓跑，靠的就是母亲充满正能量的话语。这是一个体现自信心对孩子的影响的典型例子。很多大人物之所以能够成功，就是因为他们的母亲给了他们自信心，他们从小就怀着远大的梦想，有乐观的思维习惯，最终赢得了成功。如果你希望孩子为梦想而努力，就该是爸爸出场的时候了。从今天开始，就像那些成功伟人的母亲一样，多激励孩子吧！

爸爸的一句话

爸爸的一句激励的话能让孩子感觉被认可，让他更自信。

● "错了又怎么样？就算错了也没事，谁都会犯错。"

● "你如果真的认真做了，那就够了。"

● "你可以的，放手去做吧。"

第四章
激发孩子创造力的对话法

有很多家长觉得，创造力不是通过努力获得的，而是天生的。与其他思维能力相比，创造力更难、更复杂。然而，只要稍加留心，日常生活中的琐事也可以培养孩子的创造力。在同孩子对话的过程中，只要指引孩子进行发散性思考，就可以培养孩子的创造力。

01

激发孩子的好奇心

每个爸爸都希望自家孩子与众不同。其实爸爸迫切希望的创新思维来自孩子对事物的好奇心。通过发问，孩子的创新思维将会萌芽。

这个时候，爸爸的作用尤其重要。因为爸爸的回答方式可能会促使孩子的创造力不断提高，一不小心也有可能会让孩子丢失好奇心。

| 由好奇心创造的世界 |

2002 年 10 月 9 日，日本一位平凡的研究员田中耕一获得了诺贝尔化学奖，让世界为之震惊。田中耕一在诺贝尔获奖演讲中说道："我大学的专业不是化学，所以我个人自负地认为，我是历代获奖者中完成了最高挑战的人。"他还说："我是基层技术工作者。我觉得自己没有卓越的头脑，知识也不丰富。但是我从没停止过对事物的好奇，一直默默地研究到现在，才得到了如今的荣誉。好奇心最终让我获得了诺贝尔奖。"

可以说，人类历史的所有发展都是从好奇心开始的。亚历山大·贝尔就为了满足他"为什么不能跟远处的人聊天"的好奇心而发明了电话；艾萨克·牛顿就因怀着"为什么苹果会掉到地上"这个好奇心而发现了"万有引力定律"；比尔·盖茨也是好奇心大王，他为了知道"电脑到底是什么"彻夜研究电脑，才成为了后来家喻户晓的电脑之王。

| 对孩子的提问表现出你的关注 |

为了让孩子养成自我思考的能力，最好的方法就是让孩子多提问。提问越多，孩子的好奇心也会变得越强烈。从今天开始去提问吧。通过提问来帮孩子找回好奇心，提高孩子的想象力和表现力。

人都更愿意和对自己的疑问有兴趣的人说话。这是人的特性。如果不认真听或者对孩子的提问漠不关心时，孩子会丧失继续说下去的欲望。面对孩子的提问，尝试着这样回答吧："是吗，对这个那么好奇呀，你是怎么想到这样的问题的？"

如果你想孩子多发问，最好在孩子提问的时候赞扬他。"是啊，问得好！""爸爸怎么就没有想到过这样的问题呢，你真是太厉害了！"让孩子觉得自己提问是好事，进而让孩子有提更多问题的欲望。

| 拓展孩子思维的回答 |

面对孩子的提问，如何好好回答也是件重要的事情。孩子提问时，不要马上告诉孩子答案，而应该先说"是啊，为什么会是那样呢？"自然地把问题返还给孩子。或者说"你觉得应该是什么样的呢？"积极地询问孩子的想法也能激发孩子的好奇心。马上回答孩子的问题，就会让他的好奇心只停留在最初的状态上。

爸爸最好能够多提一些可以激发孩子好奇心并引导孩子思维方向的问题。为了更好地激发孩子的好奇心，要多提一些能够诱导孩子去思考的问题，让他说出原因和结果。比如：

● 孩子：为什么晚上得睡觉呢？

● 爸爸：如果不睡觉会怎么样呢？

● 孩子：丹顶鹤的嘴为什么那么长？

● 爸爸：是啊，丹顶鹤的嘴为什么那么长呢？

对孩子的问题用"嗯""不"来回答并不妥当，这样的回答无法让对话继续下去，会打消孩子继续谈话的欲望。为了激发孩子的好奇心，就得让孩子继续思考。如果孩子问"爸爸，做这个很好玩吗？"时，不要用"嗯"或"不"来回答，而是用"是啊，那样做很好玩，你要不要试试？"

的形式来开启对话。爸爸每说一句话，都应该想着如何让提问延续下去，或者如何让孩子开动大脑。

|遇到难题，一起去寻找答案吧|

当然，孩子问的问题爸爸不可能都知道。那时候不能直接说"不知道"，你可以说"爸爸也不太清楚，我们一起找找看？爸爸也很好奇那个答案"，以此来表现你也很想找到答案的意愿。如果孩子的问题过于困难的话，可以跟孩子一起查询百科辞典、科学图鉴、互联网等。孩子看到爸爸为解决自己的问题而努力的样子，好奇心也会进一步增强，同时也会对爸爸心生感激。

让孩子投入到自己喜欢的事情上

李御宁教授写过一篇《想让孩子成为第一名》的小短文。"一生做自己喜欢的事情才是最幸福的。做自己喜欢的事情，即使再辛苦也不会放弃。全球化教育之下，最重要的不是让孩子'想成为什么'，而是'想做点什么'。"

让孩子投入到自己喜欢的事情上，他的创新点子就会如同喷泉一般喷涌而出。尤其是，一旦让那些在指示和命令下成长的孩子去做自己喜欢的事情，被枷锁束缚住的创新思维就会如同找到了出口一般释放出来。提升孩子创新能力的最重要的条件，就是让孩子去做自己喜欢的事情。

根据"孩子们最喜欢做什么"的调查结果显示，男孩子们是电脑游戏＞玩＞看电视＞看漫画＞运动＞学习＞跳舞，女孩子们则是玩＞看电视＞电脑游戏＞看漫画＞学习＞跳舞＞运动。

　　21世纪国际化优秀人才所需要的思考方式不再是专注一个方面的收敛性思维方式，而是多样化的发散性思维。具有发散性思维的人在对待问题时有多种多样的解答方式，能接受各种各样新的解答方法，喜欢自由地回答问题，因此这类人拥有较强的创新能力。智商检测适合那些具有收敛性思维方式的人，而创新性检测则适合那些具有发散性思维的人，从中我们能够体会到发散性思维究竟是怎样一种思维方式。

　　为了让孩子用发散性思维思考问题，父母要让孩子做他想做的事情。让孩子无忧无虑地做自己想做的事情，是父母的首要责任和义务。

　　父母的支持会让孩子对自己想做的事情产生更大的兴趣。在孩子做自己喜欢做的事情的同时，围绕着孩子喜欢做的事情来聊天会自然而然地提升孩子的创新能力。

●爸爸：我们的小公主最喜欢什么？

●女儿：嗯，最喜欢看电视！

●爸爸：喜欢看什么节目？

●女儿：我喜欢看电视剧。

●爸爸：电视剧中最喜欢什么？

●女儿：讲明星故事的电视剧。

●爸爸：为什么喜欢明星故事？

● 女儿：等以后想跟那种人结婚。

● 爸爸：喜欢什么样的男人？

● 女儿：嗯，喜欢帅气幽默的人。

● 爸爸：在你眼中帅气的人是什么样的？

从以上爸爸和女儿的对话中可以看出，爸爸为了找出女儿喜欢的东西而不断地引导女儿做出回答。找出喜欢的事情也能帮助孩子提升创造能力。这个时候可以多提一些能够刺激孩子思考的问题，在回答的时候也要回答得新颖一些。

感动孩子心灵的读书法

越来越多的父母希望孩子早点识字，但他们常会忽略一点，那就是读懂内容比认字更重要。不能理解文章的内容，那么就算能够流利地读出来也没有什么意义。孩子只有在正确掌握故事内容之后，才能学到知识，体会到心灵的感动。

为了让孩子懂得"字的含义"而不是"字的样子"，爸爸们得加倍关怀孩子。如果方法妥当，则能让孩子找到阅读真正的乐趣。其中一个方法就是跟爸爸一起读书，相互探讨，这对提升孩子的创新力有很大的帮助。

阅读后，可以通过交流让孩子理解、反复咀嚼书中内容，并通过一定的课题来让孩子加深对书的理解。如果只让孩子谈感想，或者在听到不是自己满意答案的时候就随便对孩子说"你的想法错了"反而会起到反效果。

因此，对话时要尊重孩子的想法。

　　培育出总统和无数个政治家的名门望族——肯尼迪家族，在对子女的教育上从没有忽视过与孩子对话。肯尼迪的母亲罗斯夫人育有九个孩子，她常在晚餐时间训导孩子。她为了锻炼孩子的思维而选择的方法是：在餐桌前挂一块黑板，并贴上当日的新闻剪报。自然而然，孩子们就会看到新闻，并相互交换意见。一开始，岁数小的孩子们会觉得很困难，但有了哥哥姐姐作榜样，他们渐渐也能明确地表达出自己的想法。

　　当孩子们钻进被窝准备睡觉的时候，罗斯夫人也不忘与孩子们聊天。在入睡前这种自在放松的状态下，和母亲聊着未来的期待和梦想，最终，二儿子成为总统，三儿子成为司法部长，四儿子成为了参议员。

　　母亲和孩子之间的对话对肯尼迪兄弟的成长影响深远。对话的内容和方式对孩子们的人格和智力成长起到决定性作用。多给孩子们说话的机会，给孩子们一些能让他们深思的问题，都可以培养孩子的创新能力。因此，与孩子们一起读书，围绕着书本的内容互相交流是最有效的方法。

　　从今天开始，试着成为家里的罗斯夫人吧。与孩子对话时像罗斯夫人那样，多给他们一些指点。要记住，让孩子回答问题也有助于培育孩子的创新力和表现力。与孩子一起读书、分享想法，也能让你发现孩子新的一面，从而收获更多的欢乐。

激发孩子创造力的语言游戏

语言有时像魔术一般。催眠师仅用语言便能使对方陷入深层的梦境中，可见语言具有多么惊人的力量。善谈之人、善于思考之人，大都是能够准确联想并恰当使用语言的人。善谈之人，在表达悲伤和喜悦时很容易感染对方。我们使用的语言会造就我们的思想。语言是将所有行为、状态、节奏、色彩组合起来的游戏，特别是在培养创造力和想象力上，语言起着非常重要的作用。

| 让孩子说出前因后果 |

世界上几乎所有的事情都有着前因后果，即事必有因才有果。如果能让孩子在对话中找出原因是什么，则有助于扩展孩子的思维。对于爸爸来说，听孩子讲话时一定不能心不在焉，要有一双敏感的耳朵，因为有时孩子的一句话会传达出很多信息。如果能使单纯询问"这是什么"的孩子，发展成开始询问"为什么会这样"的孩子，那就意味着孩子的好奇心增强了。这时，爸爸也要随着孩子的改变提升自己的对话深度。不要把对话只停留在告知事物名称的水平上，你可以在对话中加入因果关系的讨论。

但是，一一回答孩子好似没有尽头的提问，会非常辛苦。如果因为心烦而搪塞过去，那么疑问依然会存留在孩子心中。当爸爸开始无视这些提问时，孩子的创造力便会渐渐消失。

|用反义词游戏熟悉事物的特征|

反义词是意思相反的两个词语。虽然从字典释义的角度来看会略为困难，但在孩子的立场上看的话则非常简单——只要找出像"大""小"这样能相互比较的词语即可。

能快速找出反义词的孩子，头脑转得更快。而且，以游戏的形式进行反义词关联，可以提高孩子的投入程度。因为这需要孩子去仔细思考，所以也会增强他对事物特征的把握能力。如果孩子表示找出反义词很困难，那就从最基础的开始，再慢慢提升难度。

找反义词的过程中，除了能接触新的单词，反义词与事物的关联也会增强孩子的用词能力。最终，孩子看事物的视角也会变得更广、更多元，而多元思考正是创造力的重要元素之一。

|试着与孩子玩猜谜游戏|

同小朋友们一起玩猜谜游戏更能激发孩子的想象力。我们通常认为谜语的答案只有一个，但其实依据思考方式的不同，答案可以有上百种，这无疑能让孩子展开想象的翅膀，肆意发挥。好的谜语就在于，即使是同样的问题，也会随着孩子年龄的增长而有各种可能的答案。

进行猜谜游戏时，根据孩子的年龄和智力分组展开会更有效。不过，也不需要因为是初阶问题就只问年龄小的孩子。随着年龄的增长，孩子的思维有所拓展，可能会说出出人意料的好答案。

孩子答非所问时，一定要询问他为什么会那样回答。如果只是告诉他回答错了，他可能会非常失望。孩子的想象力超乎大人的想象，所以，耐心地听孩子说话，肯定他的想法并予以表扬，会更有利于孩子创造力的培养。

如果孩子每天只说相似的答案，爸爸就要告诉他几种不同的答案，并简单说明理由。反复几次，孩子也便学会了从多个角度去思考的方法了。

|充满想象力的语言游戏|

语言游戏的特征是通过对话去学习对话方法。进行语言游戏能自然而然地丰富孩子的语言。语言游戏分为接受单词→词语接龙→造句等阶段。

1. 词语游戏

词语游戏是指给我们周围目之所及的事物起名字的游戏。例如给身边事物（生活用品、家具、餐具等）、动物、植物、玩具、人物（家人或亲戚）等起其他名字。词语游戏可以培养孩子使用简单词汇的能力。

看到电视说"丁丁"，看到狗说"小黄"，看到植物说"花花"。

2. 词语接龙游戏

这是使用词语最后一个字来造词的词语联想游戏。要想变得有趣的话，可以交替进行二字接龙、三字接龙、四字接龙、五字接龙，这样更能激发孩子的兴趣。

●二字接龙：苹果→果冻→动物；
●三字接龙：荡秋千→牵牛花→花果茶。

3. 比较游戏

这是一项灵活使用单词，比较事物的大小、形态、颜色、作用等，以锻炼孩子思考能力的游戏。

● 筷子长，还是电线杆长？
● 云彩是圆的，还是方的？

● 苹果是绿色的，还是黑色的？

4."如果"游戏

这个游戏能激发孩子天马行空的想象力，过后需要与孩子一起分享那个想法产生的原因。绝对不能强迫或者试图说服孩子，要让孩子把话说完，并一一整理，这非常关键。

● 如果没有嘴巴会怎么样？

● 如果在家里养河马会怎么样？

● 如果电脑都消失了会怎么样？什么东西能代替电脑呢？

5.作三行诗

这项游戏需要列出人的姓名或者事物名称，然后根据字来作诗。三行诗能激发孩子产生多样且奇特的想法，也可激发孩子的创造力。

● 小：小路上，

● 黄：黄色的花开了，

● 狗：狗狗开心地跑着。

培养孩子好奇心的提问法

好的对话的核心就是提问。提问能让孩子灵活运用自身的能力找出答案，并在过程中学习成长。好爸爸不会直接告诉孩子答案，而是提出好的问题。在孩子自己思考时，与直接给出答案相比，以提问代替解答反而更有效果。

想要有技巧地激励孩子，就要提出很多有意思的问题。即使在鉴赏一幅画时，也要提出一些疑问，如，"那位画家当时的心情是怎样的？""哪个部分的颜色最鲜亮？""线条的种类属于哪一种？"让孩子表达对线条、形态、色彩（明暗）、质感、空间感觉等的想法，得到的答案将会是多种多样的。

|问题要简洁明了|

问题只有简洁明了，孩子才能明白你的问题并作出回答，否则，孩子便不能理解问题的核心，也会在寻找答案上吃苦头。此外，要避免问题冗长，也不要同样的内容重复说好几遍。

如果需要一次性提很多问题，与其随意提问，不如先从必须要问的问题开始，然后再依次问下去。即，先从结论部分开始提问，然后再依次倒序提问，以此形成一个体系。

|给孩子充分思考的时间|

不要在提问后立马催促孩子回答。你必须给孩子一定的时间，因为孩子需要时间整理答案。最好给孩子5~15秒的时间，如果孩子一直回答不出问题，不要直接告诉他答案，而是给他线索、提示，或者再将问题简单地说明一遍，或用类似的问题引导孩子。

因为孩子的大脑仍未发育完全，所以可能说到一半就卡住了，所说的话也可能不会像爸爸所期待的那样有条理。这时爸爸千万不要面露失望的表情，而要说"真是好想法""换个方式想想看"来激励他。

|不能偏离主题|

当孩子说"请再说一次"或者更进一步地问"为什么要问这个呢？"时，说明孩子已经偏离了主题，对话双方分别驶向了不同的方向。有效的提问一定不能偏离主题，需要紧抓重点，同时也要根据情况适度调整。不符合情况或者时间点的提问，会使孩子慌张，也可能让气氛变得尴尬。提问必须与目的、情况、气氛、时间点相结合。如果在孩子领悟的空隙提出了不合适的问题，要尽快再回到主题上。

══ 爸爸的一句话 ══

这些问题可以提高孩子的思考能力。根据不同的情境挑选合适的问题吧。

但是，在孩子思考、整理并开口之前，请耐心等待。

● 经验 | "喜欢之前与家人一起去的地方吗？"

● 事实 | "美国总统的姓名是什么？"

● 兴趣 | "最近主要做什么事情？"

● 关心领域 | "买了什么东西？"

● 经历的事实 | "今天心情如何？"

● 外貌 | "最近好像变漂亮了，秘诀是什么？"

● 计算 | "3+4 等于多少？"

● "自由与平等的不同点是什么？"

● "目不识丁，是什么意思？"

● "如果每天只知道玩乐，会变什么样子？"

● "如果世界上没有水会变成什么样？"

● "猴子进化之后会是什么样子？"

● "牛奶里撒入白糖会发生什么？"

● "煤和石油都用完了的话，世界会发生什么事情？"

与孩子一起迎接料理挑战：和爸爸谈谈烹饪

孩子通常对做饼干和绿豆煎饼这种事情很感兴趣。在用量杯计量、倒入适量的水、搅拌鸡蛋等一系列制作的过程中，孩子会领悟到量的概念以及人需要吸收营养的原因。与孩子一起做料理，不仅会促进孩子的身体发育，也能丰富孩子的知识。因为想要做到色香味俱全，就要花很多心思。此外，孩子不仅会接触到重量、大小等数学及科学性的概念，还能在"搅拌、斜切、切块儿、金黄色"的过程中完善语言概念。孩子进厨房不一定就是添乱，所以不要责备他。

试一下一家人一起做三明治或者紫菜包饭这种简单的料理。脸上或手上沾到材料都会使孩子变得兴奋。在触摸、揉捏各种东西的过程中，孩子用指尖可以感受到食材的质感，并品尝味道，很自然地刺激了他的五感（触觉、味觉、听觉、视觉、嗅觉）。同爸爸一起做料理的过程能给予孩子精神上的安全感并培养其自信。各种颜色的食材也促成了一次美术学习。孩子可以在观察食材的状态及变化中学习科学知识，并且品尝食物的味道。

第五章
培养孩子感性思维的对话法

　　莫斯科国立大学心理学教授吉潘雷特勒博士建议：与孩子对话时不应该使用大人的语言，而应该使用孩子的语言。当然，用孩子的语言去对话并不像说的那么简单。学习孩子的语言，如同新学一门外语，既新奇又辛苦。但这是我们的必修课。

别急着解决孩子的问题，先聊聊吧

如今，在重视智商的教育界也刮起了感性教育之风。企业家们也开始走"感性路线"，企图攻占消费者的内心而不是大脑。那么，感性到底是什么？为什么要重视它呢？

所谓感性，可以从多种视角来解释，它涵盖的意义很广泛，所以很难具体定义。如果非要下定义，感性可以说是感受并管理和调节自己的五感（触觉、味觉、听觉、视觉、嗅觉）的过程。感受自己的感情，就会有能力去读懂他人的感情。

需要记住的是，无论感性思维还是理性思维，两者都是不可分割的。只重视感性教育和只强调理性教育都是错误的，因为只有感性与理性协调时，人才能成为更有人性的人。

孩子最初接触的社会便是家庭，相处最多的人就是父母。如果你希望孩子有丰富的感受能力，首先要观察一下自己的语言和行动。陪孩子时间最长并与孩子互动最多的人的话语对孩子产生的影响必然最大。对话是人与人沟通感情的方式。

养育孩子是一件非常幸福的事情，但也需要付出很多耐力，做出很多牺牲。相信很多父母都恨不得帮孩子做所有的事，但是请记住：你无法为孩子解决所有问题。很多爸爸认为孩子变坏的原因是自己能力不足，将孩子的成功或失败全部归因于自己，这只是"自我陶醉"的错觉。

如果你已经尽力去爱护、养育孩子，那么你不必去承担孩子努力后的结果，因为孩子的成功与否是他们选择自己人生方式的结果。爸爸将自己认为重要的价值观和行为标准都教授给孩子，而选择权掌握在孩子手中。

想要成为好爸爸，就必须丢掉"认为自己是对的"或"我知道所有问题的答案"的想法。重点在于能不能让孩子常常从爸爸那里感受到爱与尊重，因此爸爸与子女的对话十分重要。以爱与信赖为基础的对话是解决所有问题最简单的方法，也是培养感性思维的最佳选择。

02

从孩子喜欢的话题开始对话

孩子思考的范围有限，所以对话的主题也有限。为了丰富孩子的情感，必须让他去体验、思考多种多样的话题。为此，请想想看有哪些东西你们没有讨论过，把它作为对话的主题。但是对爸爸来说，每次都想出新的话题并不容易，这时，问一下孩子感兴趣的事情也不失为一种良策。实际上，聊孩子感兴趣或喜欢的话题而非爸爸感兴趣的话题才会产生效果，例如：手机或电脑的使用时间、想做的事情、想去的地方，等等。每次都是同样的主题或者孩子不喜欢的话题，会使孩子回避对话，甚至连好不容易同孩子聊起的话题也成了无意义的闲聊。

即使确定了主题，爸爸也不能无视孩子的反应而单方面地进行对话。不要说"考试期间让爸爸来保管手机吧"，而要说"手机好像会妨碍学习，我们一起想想考试期间应该怎样处理手机吧"。

但是，必须要注意的一点是，明知道孩子对主题不关心，却仍强迫他继续对话是不可行的。对这个话题不感兴趣也是孩子的一种感受，应该予以尊重。

● "今天我们来谈论一下宇宙吧？明天聊一下昆虫！"

要尽量避免此类对话，因为一不小心就会让孩子以为是要学习，而且会让孩子用理性而非感性的方式对话，再加上学习的压力，会使他难以投入。而且，这也会让孩子认为爸爸是在教自己而不是跟他聊天，难以尽情表达自己内心真正的想法。

要想让话题更丰富，首先要让经验更丰富。可以让孩子去看、去听、去感受，然后再进行对话，这些都能最大程度地激发孩子的感性思维。间接经验虽然很重要，但是直接经验更能拓展孩子的对话主题，亲子对话也会更融洽。

——— 爸爸的一句话 ———

同孩子对话时，如果只讲述事实，将很难激发孩子的感性思维。在日常生活的对话中，选择能引发孩子感情的话题也很重要。

● "今天爸爸在来的路上看到了樱花，你见过樱花吗？我们一起去看看怎么样？"

● "哇！这本书真神奇，有宇宙的照片呢，我们一起看看怎么样？"

包容孩子纯真的感情

　　小孩子常常会认为世上所有的东西都是有生命的。幼儿期孩子的一个特征就是拥有"万物有灵论"的思维，所谓万物有灵是指所有的事物都有灵魂，并且相信这个灵魂会对人类产生影响。心理学家皮亚杰提出幼儿倾向将没有生命的东西拟人化，赋予它们生命和情感，而万物有灵论有以下四个阶段的变化。

　　第一阶段（4~6岁）：认为所有的事物都有生命。

　　第二阶段（8~9岁）：认为会动的物体都有生命。

　　第三阶段（10~12岁）：认为只有能自己动的物体有生命。

　　第四阶段（11~12岁）：认识到只有生物才有生命。

　　万物有灵论中提到孩子的思考是以自我为中心的，他们认为万物都是根据自己所想的方式行动的，认为全世界都有与他相同的感情和欲望。例如，孩子会认为太阳和月亮会跟着他走，高的山是为了给个子高的人爬的，低的山是为了给个子小的人爬的。

幼儿期的孩子必然会以自我为中心去思考问题。如果爸爸因为孩子这样说话而泼他冷水，他不仅会觉得无法同爸爸沟通，还会认为自己的想法错了从而失去自信心。

● 孩子：爸爸，月亮总是跟着我。

● 爸爸：傻瓜，月亮只是挂在天上而已。

→这样的回答只会践踏孩子纯真的感情，要避免同孩子这样讲话，不要太以大人为中心。

可以换一种说法：

● 孩子：爸爸，月亮总是跟着我。

● 爸爸：是吗？月亮总是跟着我儿子？是因为你长得太帅了的缘故吧！

对话时若能试图理解孩子的内心感受，就可以维持属于孩子的纯真感情。孩子会在爸爸这样的回答中获得力量，也会为了得到表扬而努力与爸爸分享更多感受。

在常识上，孩子的万物有灵论思考方式当然是不可理喻的。在成长的过程中，孩子自己也会意识到自己的观点是错误的，所以比起指责他，尊重孩子的纯真感情的效果更好。每次都指出孩子错误的地方，他一定会变得畏畏缩缩，并且会让他变得不想表达自己的情感。同小孩子对话时，包容他纯真的感情，只纠正他错误的"行为"就好了。

引导孩子自由地感受、表达

所谓定势思维，指人们共同拥有的关于个人属性的一系列信念。定势思维一直在不知不觉中支配人的意识，甚至影响人的行动。

大人的定势思维有可能在无形中给孩子带来不良影响，所以对此应谨慎。定势思维越强，强加给孩子的就越多。大人们总会事先定下结果，然后让孩子按部就班地遵循。特别要注意的是关于性别角色的定势思维，因为性别刻板印象是孩子成长中的一大威胁。

在一般人的观念里，女孩子通常是害羞的、温顺的、安静的，而这样的观念往往会抑制孩子丰富而广泛的思维。男孩子也同样如此。性别角色的观念早已根植于我们的社会，难以避免，所以大人们要在平时的对话中多加注意，不要给孩子们灌输那样的观念。

与孩子对话时，如果爸爸能够抛弃定势思维，不从性别的角度去看待孩子的行动或话语，让孩子相信事情不分男女，每个人都能做得好，那么孩子会变得更加自信。孩子感兴趣的事情可能就是孩子的天赋，也可能成就孩子的未来。

　　爸爸的定势思维通过平时的对话对孩子产生莫大的影响。男人不该进厨房的想法可能会让他认为男人不需要帮忙做家务，让他产生错误的认知。

　　请记住，错误的定势思维会影响孩子情感的发展。如果想要丰富孩子的情感，与其给孩子灌输定势思维，不如引导孩子自由地感受、表达感情。

05

筑就伟大梦想的亲子对话法

没有哪个爸爸不想和孩子快乐地聊天。然而，我们对如何与孩子进行具体的沟通知之甚少，常常习惯性地以大人的方式与孩子对话。

莫斯科国立大学心理学教授吉潘雷特勒博士建议：与孩子对话时不应该使用大人的语言，而应该使用孩子的语言。当然，用孩子的语言去对话并不像说得那么简单。学习孩子的语言，如同新学一门外语，既新奇又辛苦。但这是我们的必修课。与自己亲爱的孩子，与即将步入社会的孩子进行对话，虽然辛苦却很重要。

孩子通过与爸爸对话学会处世之道；学会确定自己的目标，开辟自己未来要走的路。对孩子来说，爸爸既是最亲近的人，也是老师、教科书、镜子、自然，甚至是世界的全部。所以，与孩子的对话对于培养孩子的梦想来说尤为重要。也正因为重要，稍有不慎便会变得非常危险。

与爸爸的良好沟通能帮助孩子树立伟大的梦想，而不良的沟通会让孩子变得不幸，变得具有破坏性和反抗性，失去对自己与世界的信任与爱。孩子有无数个梦想，通过与爸爸对话，他们会在这无数个梦想中选出一个，也会在对话中学会制定未来生活的计划。当然，孩子在选择的过程中会遇到很多烦恼，这时，作为孩子的优秀教练，爸爸应该通过对话帮助孩子树立正确的梦想，协助他坚持自己的梦想。

| 孕育梦想的亲子对话法 |

1. 利用深刻对话，让孩子树立梦想。

→ 为了让孩子树立梦想，询问孩子的梦想和他们将来想做的事。

- "你做什么的时候最开心？"
- "你最想做什么？"
- "长大后想做什么？"
- "你最尊敬的人是谁？"

2. 告诉孩子实现梦想的具体方法。

→ 为了实现孩子的梦想，相比遥远的梦，不如先告诉孩子具体的方法。如果孩子知道了具体方法，就会心生自信，实现梦想的可能性也就更高。

假设孩子想成为一名足球运动员，你可以说：

"我们俊秀是想成为一名足球运动员吗？那么要怎么做呢？爸爸认为参加足球班比较好。好好学，就有可能入选足球代表队，冲向世界杯，施展自己的本领，还可能像足球运动员朴智星那样，被选进曼联。"

3. 让孩子规划具体目标后开始实践。

→ 为了实现孩子的梦想，应该树立一个具体的目标。

● "你想什么时候去足球班？"
● "如果想踢球，要怎么努力？"

任何人，只要有了想做的事，就会产生动力并努力做好。这正是梦想存在的原因。一个人如果有梦想，不管遇到什么困难，都不会灰心、丧气，而是勇往直前、迎接挑战。实际上，像比尔·盖茨、安哲秀等成功的人，并不是靠自己一个人成功的。他们从小就在与爸爸对话的过程中确立了正确的目标，然后坚持不懈地努力。

第六章
培养孩子领导力的对话法

想要培养孩子的领导能力，可不是把他送去口才培训班或演讲培训班，在生活中进行正确的对话，培养他端正的品行，这比什么都重要。将自己的想法和感受用别人可理解的方式精确表达的能力，是领导者的必要品德。与爸爸的对话对培养孩子的领导能力有巨大的影响。

01

孩子开口之前，请耐心等待

爸爸和孩子在小区里遇见了邻居家的阿姨，阿姨兴高采烈地打招呼问孩子要去哪里，孩子很想回答说和爸爸去百货商场，但是由于整理思绪和组织语言能力的不足，一时回答不上来，只能吞吞吐吐。这时，一旁的爸爸无视孩子的存在，连忙作答。虽然走快点能节省时间，但是这位爸爸却丢失了一样东西——在他代替孩子回答的瞬间，孩子的思考就停止了。

很多家长常常在孩子说完话之前就按自己的想法作出了判断。你可能认为这样做可以快速地把孩子想知道的东西告诉他，却不知道这阻碍了孩子独立思考、整理思绪的能力的发展。

想要培养孩子的领导力，请一定不能代替孩子说话，因为领导者最核心的素质就是有条不紊地表达自己的想法。父母应尽早让孩子独自思考、自行决定、独立行动。

　　别以为孩子年龄小就没有自己的想法。虽然孩子思考和表达的能力与成人相比要弱很多，但是孩子也有自己的想法。越是代替孩子去表达，孩子就越依赖父母，成长的脚步就会放缓，甚至停滞。

　　即使内心焦急，也请试着等待孩子把自己的想法整理、表达出来。纵使孩子说的话杂乱无章，让人费解，也要认真倾听，用"这样吗？""这样啊！"等方式做出积极的回应。若想知道自己是不是一个愿意倾听孩子的话的爸爸，可以参照以下五点：

　　第一，在孩子开口之前耐心等待。

　　第二，帮孩子打开话匣子。

　　　　（例："所以后来怎么样？"）

　　第三，让孩子做选择。

　　　　（例："这样做好，还是那样做好？"）

　　第四，询问理由或原因。

　　　　（例："为什么会这样呢，结果怎么样了？"）

　　第五，不要否定或批评孩子的回答。

　　如此反复，可以提升孩子的思考能力，并且培养出条理清晰的表达习惯。

02

你今天说了几次"不可以！"

孩子们会如实照搬大人的语言习惯。几乎所有家长都有过被孩子照搬自己原话吓到的经历。特别是刚学会说话的孩子，这种情况会更加明显。因此，如果爸爸使用"做……可不行""做……会揍你"之类否定性语言的话，孩子会有样学样，不知不觉中形成负面的思维模式。与孩子对话时，要时刻注意自己的表达方式，尤其是爸爸，即使是为了振作孩子的精神，情急之下使用了一些粗鲁的语言甚至谩骂孩子，也会对孩子造成负面影响。

|使用积极的表达方式|

在好奇心的驱使下，孩子们会看到什么都想触碰。大人们会觉得收拾房间太过麻烦，所以在孩子还未触摸到之前，总是会对他们说"不可以"。

而且，孩子想玩游乐设施时，很多家长也会说："那个很危险，不可以。"太多的"不可以"会让孩子产生恐惧，挑战意识也会随之消失。

孩子在很多方面都会受到家长（尤其是爸爸）的影响。因此，爸爸与孩子说话时，不要用否定的表达方式，应该用积极乐观的语言表达自己的意思。

另外，不能因为一时压抑或者生气，就责备孩子。你所面对的是孩子，对于孩子的不成熟举动或错误想法，爸爸要温柔而亲切地与孩子交流自己的想法，这也是爸爸与孩子对话时要坚持的原则。孩子做错了事，不要只针对结果训斥孩子，首先应该关心一下孩子。这样一来，孩子反而会认识到自己的错误，为下次不再犯同样的错误而努力。

● （看着将水打翻的孩子说：）"就知道你会这样。你做的每一件是都是如此。你怎么一点长进都没有？一杯水都倒不好，到底是像谁啊？"（×）

● "你没有受伤吧？爸爸还以为杯子碎了，吓我一跳。这么看来客厅挺脏的，正好拖下地吧。你会帮忙吧？"（√）

与孩子对话时，要肯定孩子迄今为止已经做到了很多事情。那么，孩子就会认为自己已经做到了很多，并产生动力去做剩下的部分。

● （对正在写作业的孩子说：）"到现在作业只写了一页吗？认真点，

快点写啊！"（×）

●"做得很认真嘛！已经写完一页了啊，再努力一点就写完啦！加油，儿子！"（√）

| 注意平常的称呼 |

很多爸爸因为太过喜欢自己的孩子，会叫孩子的昵称或者绰号。但是也要注意，如果把孩子称为"小傻瓜"，孩子就有可能变成傻子；如果叫他们"美宝儿"，他们就会美美地长大成人。爸爸对孩子的称呼，会植入孩子的潜意识。为了给孩子树立积极的思维模式，爸爸要给孩子取正能量的昵称或绰号。

试着对孩子做的每一件事情表现出满满的期待吧。孩子会按照爸爸所期待的模样长大，孩子也会养成良好的行为习惯。但要注意把握一个度，对孩子的期望值不要过高，不能让孩子产生心理负担。

请先理解孩子的谎言

孩子们经常会说一些轻而易举就会被识破的谎言。他们之所以会说谎，可能是希望获得关注，或者是害怕受到责骂。父母比任何人都坚信孩子是正直的，对于他们来说，孩子的谎言会是很大的打击。

说谎是孩子成长过程中一个很自然的现象。说谎是不良习惯，父母要在幼年时期给予纠正，但是不能把它当作一件很严重的事情来看待。听到孩子说谎就大吃一惊或者严厉训斥，孩子有可能会在心理层面受到打击。

即便孩子说了谎，也不要以"别说谎"等话语来威逼孩子。其实孩子通常是因为不知道说什么才会说谎，并不是故意的。如果爸爸连这些都要指责，孩子和爸爸之间就会越来越没有话讲，最终导致不再与爸爸交谈。有时孩子想得到父母的赞许，就会说些谎话。这时，爸爸应该说："啊，原来如此，我们承宇应该很开心吧。但是下次不能再这样了。"爸爸们应该尝试采用这种先理解孩子的处理方式。

| 为了让孩子明辨是非，爸爸要言出必行 |

《如何培养未来领袖，犹太父母这样说》一书中提到："为了把孩子培养成为既有才能又品格优良的人，爸爸要先树立好榜样。"前面也提及过，爸爸、妈妈，或者教育孩子的人，在与孩子对话时，重要的是要先树立好榜样。

为了让孩子学会分辨是非，爸爸要言出必行。例如，爸爸跟孩子说好数到一百就给他买冰淇淋，孩子就会相信爸爸，并且为了能数到一百而努力学习。过了一段时间，孩子终于学会怎么数到一百，就会跑到爸爸面前自信地表现。

如果孩子真的数到一百，但爸爸没有给他买冰淇淋，他一定会很失望。如果爸爸一而再、再而三地失约，孩子则不会再相信爸爸，也无法养成诚实说话的习惯。爸爸或者教育孩子的人，在与孩子对话时，不仅要言行举止正直并始终如一，而且在孩子面前说的每一句话和每一个行为都要如此。在这个过程中，孩子才能学会分辨是非，而且养成诚实守信、不说谎话的好习惯。

作为领导者，最需要具备的品德就是"正直"。因为组织是建立在组织成员间互相信任的基础上的。正直坦率的品格不是一朝一夕就能拥有的，而需要从小开始慢慢积累。

04

让孩子学会自己承担后果

　　如今，大部分家庭只生一两个孩子，父母们都争先恐后地想要富养孩子。我们有时会看到让人啼笑皆非的现象：就算孩子升入高年级，甚至成为大学生、上班族，还需要父母跟在身边照料生活。

　　问题是孩子越依赖父母，独立性就会越差，性格也会变得优柔、脆弱。孩子终究是要离开父母的。因此，家长要学会放手，让孩子踏踏实实地走自己的路。要让孩子从小养成自己的事情自己做，并对自己的行为负责的习惯。

　　现如今，因为心疼孩子日常忙碌的生活，于是大包大揽帮助孩子料理一切的父母大有人在。这种行为可能会剥夺孩子自我尝试、一一熟练并学习的机会。父母可以在一旁协助孩子完成自己的事，但不能帮他们做所有的事。不管什么事，我们都要给孩子们自己去做的机会。这会让孩子成长为独立、负责任的人。

因为是孩子，必然会有犯错误的时候。即便孩子的行为让你感到焦急和忐忑，也暂且静观其变吧。因为重要的不是做错的事情本身，而是要教会孩子必须为这个结果负责。专家们一致认为，在孩子所能承受的范围内，一定要让他们亲身体验相应的结果，并让他们承担责任。在孩子做错事、出现问题后，爸爸怎样提醒和激励孩子，会直接影响孩子的下一个行为。

要让孩子明确地理解哪些举动可以做，哪些举动不可以做，错误的举动会带来什么结果。要记住一点，并非爸爸认为对的事，孩子也要无条件地认同。而且，爸爸选择的言辞和采取的行动，不能让孩子产生疑问。有的爸爸会事先估计孩子的行为所带来的后果，并做好适当的准备。如果提前想好各种方案，就可以避免在跟孩子意见不合时发生正面冲突。

孩子是父母的心头肉，让孩子自行承担自己的行为所带来的后果，确实是一件难以做到的事情。儿童心理学家德尔·雅各布，在他的著作《请你闭嘴》中提到："人在这世界上无论做什么事情，都会伴随着相应的结果。如果没有交电费，就无法使用电；做错事情或者无故不来上班，就会被解雇。要想孩子学会自己承担后果，爸爸就要让孩子亲身体会自己的选择所带来的后果。"

第七章
激发孩子潜能的对话法

　　成功的孩子不是一两天更不是偶然培养出来的，而是长久地受其父母的影响一天天地成长起来的。为了让孩子拥有更精彩的人生，爸爸首先得怀抱梦想，制订改变孩子的计划并必须付出实践。最先要做的事情就是确定孩子的梦想是什么。要想孩子们一辈子都充满自信地挑战人生，就得帮他们培养自身才能，唤醒他们的潜能。如此一来，没有父母的保护时，孩子也能为自己的梦想努力，以坚韧的耐力成长为爸爸所期待的样子。

01

如何与孩子谈梦想

有明确梦想的孩子目标也会明确，事事计划并愿意挑战。相反的，没有梦想，孩子做事就缺乏目标，没有计划且态度懒散。日本有一种常见的观赏鱼"锦鲤"。在小鱼缸里，它最多能长到5~8厘米；如果放在特别大的水族馆或者饲养池里的话，它可以长到15~25厘米；要是放养在江水里，它甚至可以长到90~120厘米。

可以无限生长的鲤鱼，却在鱼缸里长成小家伙的原因是，它对生长环境的适应能力很强。锦鲤可以通过呼吸和活动来感受活动范围，根据活动范围的大小，可以长成小鱼也可以变成大鱼。所谓梦想，不是和锦鲤所处的环境很像吗？有多大的梦想，就有多大的发展空间。成功的人生总是从宏伟的蓝图开始。爸爸的期望与热情有多大，孩子的目标与梦想就有多大、多明确。拥有自己的梦想并为之努力，对孩子生活习惯的形成有重大的影响。

为孩子树立梦想及目标之前的必备条件是，爸爸也同样要拥有自己的梦想。值得注意的是，我们的角色是让孩子树立自己的梦想并从旁指导，而不是把自己的梦想强加在孩子身上。

如果观察成功人士的特征的话，可以发现很多共同点，但是其中最重要的一点是他们都拥有伟大的梦想。对自己未来的梦想进行具体描绘的人成功的概率更高。为了培养孩子的梦想，爸爸可以做这些事情：

| 勾勒远大的理想 |

老话说，"想画老虎的话，虽然也可以画猫，但是画了猫的话，可能什么都不会画了"。因此，要给孩子勾勒出远大的理想。比如，把梦想成为"教师"转变为梦想成为"教育部部长"。远大的理想也有可能成真，渺小的目标也有可能失败。只有志存高远，才能毫不倦怠地不断前行。

| 设立具体明确的目标 |

如果目标不明确，就很有可能半途而废。因此，必须明确梦想的内容。比如，想成为一名"医生"，就必须具体到是成为"内科医生"，还是"精神科医生"。只有目的明确，才能知道自己能够实现多少目标。

|梦想必须能实现|

孩子的梦想必须是孩子能够实现的。不切实际的话，即使梦想再远大、目标再明确，最后也只能付诸东流。相反的，如果目标不费吹灰之力就能达成，就会让孩子失去一定的成就感。

因此，目标不是虚无缥缈的，而应该是既能给孩子带来梦想和成就感，又能够实现的值得一试的梦想，孩子才能怀着激动的心情迎接挑战。

|让孩子拥有自己的梦想|

如果一个目标反映不了孩子自己的想法和价值，只是按照父母的要求而设定的话，那么这个目标将很难达成。因此，这个目标里必须包含孩子现在和将来想要做的事情，以及愿意付出全部热情去追求的东西。

为此，必须集思广益、深思熟虑。各种各样的体验对孩子找到自己的梦想大有益处。可以通过就业指导、素质检查、未来阵营、寻梦节目等方式，让孩子找寻自己的梦想。参考那些真正实现了自己梦想的人的人生，或者让孩子参加职业体验，也对孩子找到属于自己的梦想大有帮助。

|事先了解阻碍梦想实现的原因和替代方案|

树立梦想时，要预先想清楚哪些因素会阻碍我们，再准备相应对策。

事先考虑阻碍原因或对策不是让孩子放弃梦想，而是为了实现这个梦想，引导孩子选择克服障碍的方案。这样，实现目标的概率才会提高。

把梦想贴在看得到的地方

有了梦想就要时刻铭记于心，这样才能实现它。有了梦想却不挂于心，梦想也会化为泡影。为了能够常常记起梦想，最好能把既定的目标贴在书桌上或者经常能看到的地方，时常反省阅读。只有不断看到、想到梦想，才会下意识地积极努力去实现目标。

必要时修改部分计划

在实现梦想的过程中遭遇挫折时要停下来分析问题，对部分计划或目标进行修正。相反的，如果最后的成果超过预想，就要树立更高的目标。

以下是爸爸在和孩子一起勾勒梦想的过程中可以进行的对话。爸爸们可以花时间与孩子谈谈，问问孩子喜欢什么、想做什么、为此需要准备些什么，相互间真诚的沟通，会使父母与孩子之间的信任更近一步。

1. 一起描绘蓝图

●你的梦想是什么？

●你有什么擅长和喜欢的事情？

●你想成为什么样的人？

● 30 年后，你想过什么样的生活？

2. 设定目标

● 为了实现目标，你要做些什么？

● 为了实现目标，你要怎么做？

● 为了实现目标，你要从什么时候开始？

● 为了实现目标，你要在什么时候结束？

例如：设定学习目标

"我们来谈谈曾经讨论过的学习目标怎么样？"

● 本周目标：写作业和出去玩

● 本月目标：读 30 本书和制作目录

● 今年目标：学一样乐器

3. 制订计划

制定一周的计划，每周进行检查吧。

4. 与自己的誓约

宣布遵守与自己的约定吧。

5. 视觉化

把设立的目标视觉化，告诉家人和朋友吧。

培养孩子的自我效能感

自我效能感指的是在特定情形下对于自己能够完成某事的自信感。自我效能感高的孩子因为比较自信，在完成事情时往往能够持之以恒并且取得较好的结果。这样积极的思考与行动方式能带来更好的成绩，但对于饱受压力或有强迫心理的孩子还不太管用。

与自我效能感低的孩子相比，自我效能感高的孩子不仅更愿意迎接挑战，而且不管遇到什么事都能全力以赴。另一方面，自我效能感低的孩子自我认识比较消极，也会更倾向于消极地对待他人。

为了这些孩子的未来，我们应该在孩子幼年时就自然而然地培养他们的自我效能感，以下几点建议供大家参考。

| 积累成功经验 |

反复地积累成功的经验，自我效能感就会自然而然地提高。比起让孩子树立远大的目标，不如给予他们能够充分实现的小目标，并鼓励他们努力实现。通过学习他人在特定情况下的成功经验，也能够让孩子产生"我也能做到"的想法，进而增强自我效能感。将成功人士或是伟人当作榜样也能够使孩子得到间接经验。

| 让情绪稳定下来 |

孩子们在不安或是恐惧的情况下是难以达成原来的目标的。因此，为了安抚孩子们的不安，让情绪稳定下来，我们要鼓励孩子暂时先把考试或其他重要的事情放在一边。平日里与孩子们对话时，也要说服他们相信自己能够做好，促进孩子们自我效能感的提高。

自我效能感和自信感一样，时常给予称赞和鼓励对于树立自信感来说是至关重要的。发现孩子们的潜力并引导他们确信自己能够做好，有利于提高自信感，最终增强孩子的自我效能感。

| 在小事上也要给予称赞 |

要多多称赞孩子们做得好，至少每天一次。除了单纯的口头称赞之外，抚摸孩子的头，拍拍孩子的屁股或是后背，轻轻地拥抱他或是露出吃惊的表情等，也会非常有效果。

　　即使孩子们做了错事，也不要因为一时的情绪就对孩子红脸或发火。对于孩子闯的祸，无论多生气都不要发火，要管理好自己的情绪，再面对孩子。不要拿孩子与兄弟、朋友、亲戚相比，让他失去信心。就算孩子们在某些方面落后于同龄人，也不要伤心，称赞他们做得好的地方就可以了。

｜创造能自己解决问题的机会｜

　　在完成某件事情时，比起指导孩子，给予孩子充分的时间，让他深思熟虑，独立解决问题更好。要不停地鼓励孩子，培养孩子独自解决问题的能力。为了培养孩子的自尊心，要尽可能地引导孩子，告知他们成功的经验，给予他们积极的反应。比起让孩子解决那些对于他们来说很难的问题，积累失败的经验，不如让孩子解决一些比较简单的问题，积累成功的经验。

03

过度保护会断送孩子的一生

犹太人中以爱因斯坦、弗洛伊德、马克思、门德尔松、洛克菲勒、埃里希·弗罗姆、达斯汀·霍夫曼 、史蒂文·斯皮尔伯格 、比尔·盖茨等为代表的世界名人数不胜数。并且，众所周知，犹太人曾受到希特勒的迫害，然而尽管受到了种种压迫，犹太民族仍屹立于世界之林，以众多诺贝尔得奖者而备受瞩目。他们是怎样做到的呢？

犹太人中之所以能够产生众多世界级人物，是因为其父母独特的教育方式。亡国之后在全球各地漂泊不定、流离失所的五千年，使得他们从家庭为单位开始践行一种独特的教育方式——授之以渔。然而，我们的教育方式是什么样呢？只是授之以鱼而已。

"授之以渔"与"授之以鱼"看起来似乎没有什么差异，事实上却有着天壤之别。犹太人告诉孩子在这世上生存的方法，而我们仅仅是帮助孩子穿衣、吃饭、洗脸、刷牙等。犹太人的孩子在小时候就开始培养独立性，并且学习怎么过自己主导的人生。与之相反，我们培养出的是依赖父母的懦弱胆怯的孩子。

近年来，很多父母选择只养育一名或者两名子女，将自己全部的心血都倾注在孩子身上。也因此，他们总是过度地保护孩子——给予孩子过多的帮助，满足其一切要求、时刻围绕在孩子身边，等等。

由此导致孩子欲求不满，缺乏独立性，依赖性却不断增强。在外缺乏自信、优柔寡断，和朋友无法和睦相处；在家肆意妄为，稍有不称心意的地方就哭闹或者使用暴力。对学习的积极性日渐消减，并且产生厌学情绪。这样的孩子在步入青春期后，很容易成为问题少年。

最终，是父母的过度保护断送了孩子的一生。为了让孩子能够健康、无忧无虑地成长，我们也应该像犹太人那样"授之以渔"，这一点非常重要。授之以渔就是告诉孩子在这个世上生存下去的方法，看到孩子独自做某事时，即使内心感到亏欠也不要去干预，放任孩子自己去做。当孩子遇到了难关时，再告诉他们解决问题的方法。比起妈妈，爸爸对孩子采取"授之以渔"的教育方式，效果会更加明显。因为相较于妈妈，爸爸更想从根本上将孩子培养成一个强者，从而能更客观地看待孩子。

懂得如何"捕鱼"的孩子，即使不依赖父母，也知道如何选择自己的人生，如何使自己过得幸福，并为此不断挑战、开拓进取。不管有多累，他们都不会停下脚步，为实现自己设定的目标而不断努力。

　　"授之以渔"的教育方式在指导孩子学习时也与"授之以鱼"存在着差异。"授之以渔"并不是让孩子死记硬背知识，而是告诉他学习的方法。最终，懂得怎么学习的孩子，无论做什么，都会自己主动去做，包括学习。这与以提高创新为目标的教育方法不谋而合。

　　父母是"孩子的老师"，父母的教育观对孩子价值观的形成有着很大的影响，有益的教育观有助于孩子形成正确的价值观。问题就在于，很多家长树立了这样一种教育观念，他们认为只有学习成绩好，才能上好大学，才能找到好工作，这成为了他们教育子女的终极目标。所以，为了孩子的未来，"授之以渔"刻不容缓。

如何开发孩子的无限潜能

虽然人生来便具有无限潜力，但在人的一生中，仅仅只能开发自己5%～10%左右的潜能，这已然成为众所周知的事实。根据脑科学家们的研究，人类历史上，被视为最大限度地开发大脑的科学家之一——爱因斯坦，大脑开发程度也无法超过10%。

这意味着，人类只能使用自己5%～10%的能力，剩下的90%或90%以上的潜能只能深藏在体内。因为直到离世，人们所使用的能力仅仅只是自己能力的冰山一角，所以至今为止都没有能够到达自己潜能极限的人。

潜能是不会自动显露出来的，它是深藏在体内的无限能量。潜能平时潜藏在我们体内，作为身体内在的一部分，但是在危急时刻就会被激发出来。就像平凡的主妇在孩子被货车压住时能够将车抬起一样，瞬间集中精力，就会激发出比平时更高的潜能。

这样的潜力为什么平时发挥不出来呢？那是因为我们不够专注。紧急时刻，我们会集中精力解决问题。然而，人在日常生活中会受到多种多样的外部环境的影响，导致注意力分散，再加上各种因素的阻碍，别说激发潜能了，就连自己平常的能力都发挥不出来的情况也是常有。

与其他任何发展时期相比，幼儿时期是发挥自己与生俱来的潜能的可能性最高的时期。因此，给孩子提供一个最适合并且能够最大激发孩子的天赋、个性、兴趣等方面的潜能的教育环境的话，就可以正确认识并且发展孩子的潜能。这一时期的幼儿被喻为海绵，有什么就吸收什么，从不挑剔。这就表明了幼儿期教育的重要性。在这个时期，要发现和培养孩子的潜在能力，父母的作用是非常重要的。

了解孩子的潜在能力的方法有观察法、自我总结法、智力或者适应能力测验等标准化的方法。首先，所谓的观察法是，爸爸在养育孩子的过程中发现和评价孩子的优缺点，发现孩子擅长的事情和不擅长的事情，扬其长补其短。孩子擅长并且喜欢的事情，其实就是他的潜能。但问题在于，因为父母的期待或者溺爱，很难给予孩子客观的评价。所以，对于周围人的客观评价，父母们很有必要听一听。

其次，自我总结法就是孩子自己发现自己喜欢什么或者擅长什么的方法。这个方法最为适用于小学时期。通常自信心爆棚的孩子容易发现自己喜欢和擅长什么，而自信心不足的孩子不能正确认识自己的情况也有很多。

让自信心不足的孩子先建立自信心是当务之急。

再次，智力或者适应性测验等方法比其他方法更容易得到客观的信息。智力测验能够知道孩子的智力水平，适应性测验能够根据孩子在语言、数理逻辑、空间感知、感知速度、自然观察等能力，预测出最适合孩子的职业。以这两种测验结果作为基准，就可以选择出对孩子们来说最好的职业。

父母难以判断的时候，向专家请求帮助也是有必要的。如果能发现孩子的潜在能力的话，父母们就可以针对孩子的优点告诉孩子相关的信息，并为他提供一展所长的机会。

在人类历史长河里，留下伟大足迹的人，大部分都是找到自身潜能并且充分利用的人。如果我们的孩子也能发现并开发自己的潜能，他们就可以为实现自己的梦想酣畅淋漓地拼搏。

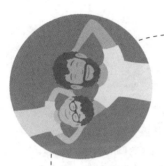

PART 3

改变孩子生活习惯的
沟通法

第八章
在与爸爸的交谈中学习成长

指责孩子的行为对亲子双方都是压力。对家长来说，不得不对孩子讲一些否定的话；对孩子来说，则不得不听爸妈的唠叨。但是，如果为了逃避压力而不对孩子做该做的批评，反而会带来更大的问题。

01

三岁，必须让孩子改掉坏习惯的年纪

很多爸爸平时对孩子的错误行动不以为然，却会在与妻子吵架后或自己心情不好时，大嗓门地指责孩子的错误行为，让孩子的心灵受到伤害。追根究底，事情也并非全是孩子的错。以爸爸之名犯下的错还不止这些。他们会强迫孩子去改正那些他们自己也无法改掉的陈年坏习。例如，当爸爸看到孩子不够自信或表现内向时，他并没有考虑到这也许是孩子像自己的原因，而是指责或训斥，只希望孩子能够尽快改变这些行为。

你的孩子目前的说话方式、行为习惯都反映了你呈现给他的样子。可是很多爸爸看到自己不满意的行为却只会责备。当你发现不管怎样孩子都改不了时，自然就更生气了。最终，你再也无法忍受进而大发脾气，孩子也因此受到伤害。这种事反复发生的结果就是，爸爸和孩子的关系越来越糟，孩子的问题行为也越来越严重，双方因愤怒和憎恨陷入互相伤害的恶性循环。

| 爸爸比妈妈更适合纠正孩子的坏毛病 |

父母不可能对孩子做的每件事都满意。人无完人，谁都不可避免地会有一些不好的行为和习惯。重点是，爸爸要知道孩子需要改正的问题行为，并且要不断地思考和学习改正的方法。

俗话说"三岁定八十"，意思是三岁时的习惯会延续到八十岁，坏习惯不容易改正，因此要让孩子从小养成好习惯。但是，说到改正坏习惯或毛病时，为什么会说是三岁呢？因为三岁是孩子学习情感的决定性时期，这一时期是边缘系统（控制情绪的大脑区域）的神经回路快速发展的时期。

在这之前，无论怎么纠正孩子，他们都不太会明白到底是怎么回事。所以在孩子满三岁之前，父母要尽量多宽容孩子，让他们随自己的意愿做事，即使是他们做错了事，也可以睁一只眼、闭一只眼。研究表明，在这个感情发展的关键时期，如果孩子被严厉地训斥或者打骂，他们的边缘系统会受损，长大成人后会难以适应社会。据相关调查结果显示，有暴力倾向或者社会性不足的问题儿童，大都是在幼年时经常遭到爸爸的大声训斥或打骂的孩子。

因此，纠正孩子的坏习惯或毛病，最适合的时期是三岁之后。另外，要想改变孩子的习惯，比起情感上更为亲密的妈妈，爸爸更能用客观的标准来管教孩子。

| 对六七岁的孩子严厉一点也无妨 |

如果想纠正三至五岁孩子的坏习惯，在不伤害孩子自尊心的前提下，只能耐心地与其对话。特别是在孩子做出危险的举动或者错误的行为时，最好告诉孩子那样做的后果，并说明不能这么做的原因。在这一时期，如果教育方式不当，孩子长大后可能会成为一个性格扭曲的人。

当孩子六七岁时，他们已能够判断对错。对于这一阶段的孩子，处罚是一种行之有效的方法。处罚的方式可以是打扫卫生、跑腿等。

问题行为背后的原因

在抚养孩子的过程中不难发现，并不是孩子的所有行为都能让人欣赏。他们会经常做出一些让人厌烦的事情，而这些让人看不顺眼的事甚至还会在一天中多次出现。在孩子做出各种不好的行为时，如果认为孩子还小而听之任之的话，将会让孩子变得任性，以后会演变到谁都无法控制他的情绪的境地。尤其是初为父母的家长，会因为不懂怎样应对孩子们的问题行为而彷徨不定。很多爸爸们觉得纠正孩子的错误要紧，所以他们会严厉地训斥或者打骂孩子。下面是常见的孩子让父母头疼的问题行为：

● 耍赖，胡闹。

● 遇到任何事情都用哭来表达。

● 打人、咬人、踢人、推人、骂人，耍性子，砸或扔东西。

● 不分场合地到处乱跑。

● 不能老老实实地坐着，一会儿工夫就坐不住了。

● 什么都不做，漫无目的地转悠。

● 从高处往下跳。

● 经常大声喊叫。

● 精神涣散，注意力不集中。

● 游戏方式一成不变，没有变化和发展。

● 积木、玩具车等到处乱放。

● 只要窗户或者门稍稍打开，就会把它们一一关紧。

上述常见问题行为，原因可分为以下三个方面：

第一，孩子自身的原因。孩子身体有缺陷，或者精神发育比其他孩子缓慢时，会出现上述症状。

第二，孩子所处的环境对其不利。换句话说，是环境因素导致了孩子问题行为的出现。原因主要是出自家庭的行为教育方式。

第三，爸爸的人格和教育方式有问题。这个问题很严重，因为实际指导孩子的爸爸本身有问题，正确指导孩子就变得更加困难。为了避免这种情况的发生，爸爸要不断地寻找解决自己问题的方法。此外，根据每个人情况的不同，还存在多种不同的原因。

首先要问问孩子原因到底是什么

孩子的问题行为背后肯定会有原因。当孩子的要求没有得到满足时，他们会以做错事的方式给父母发送信号，以期达到目的。如果父母不但没有关心孩子需要的是什么，反而一味地训斥孩子的话，孩子只会闹别扭。在指出孩子的错误之前，先以对话的方式解决"孩子想要的是什么？""孩子为什么会有这样的举动？""怎样才能解决问题？"这样能更有效地减少问题行为，甚至改正孩子的坏习惯。

孩子想得到身边人的关心和温暖的爱，所以，以哭闹或过激的行为表达自己需要大人的关心，也是孩子们独有的方式。但往往越是这样，大人们就会越严厉地训斥或体罚孩子，结果只会使孩子们的行为更加偏激。

在孩子的需求未得到满足时处罚孩子，只会让问题越来越糟，对问题的解决毫无益处。举个例子，有一个孩子毫无止境地发脾气，爸爸用劝导和吓唬的方式对待孩子，但结果却不尽如人意。最后那位爸爸控制不住自己的情绪，打了孩子的屁股。后来这位爸爸发现，他越是打骂孩子，孩子就越改不掉自己的错误行为，反而越发严重。最后，爸爸决定不再单方面把自己的要求强加于孩子，而是以对话的方式来改变孩子的行为。结果，他们家比之前安静了很多。

孩子耍赖时，不理会也是一种方法

当孩子开始出现问题行为时，不要一味地指责，或者为了纠正孩子的行为而破口大骂，而应该尽可能地关心他们。可是有时无论怎样都拿他们无可奈何。这时，不如干脆装作什么都没看见，表现得冷漠一些。孩子不明白爸爸这样做的原因，只好回头反思自己的行为，他们会思考"为什么爸爸对我漠不关心呢？""怎样做爸爸才能关注我呢？"最后，孩子就会按照爸爸所希望的方式改变自己的行为。

但是，这种方法对已经习惯用训斥的方式纠正孩子坏习惯的爸爸来说，比预想中要难得多。因为火气上头时忍住不发火实在太难了，而且孩子不会因为父母一两次的拥抱就做出改变。爸爸只有不放弃，坚持不懈地努力，孩子才会一点点地发生变化。

有些爸爸会对此不满，问为什么只要求爸爸不断地努力。其实并不是让爸爸一辈子都这样做，人生中重要的幼年时期和青少年时期是一时的，只要让孩子能够顺利渡过这一混乱的时期即可。所以在此之前，爸爸们需要忍耐。

模糊表达 VS 清晰表达

纠正孩子问题行为的方法是先了解事情的起因经过后，用爱来说服孩子。但是，只通过爱来解决问题往往比较困难，最终还是需要依靠对话来完成。因此，为了达到通过对话解决问题的目的，我们还需要了解一些相应的原理和方法。

| 清晰表达自己的想法 |

如果想改变孩子们的问题行为、习惯，就要直接地指出具体的问题，因为孩子们只能理解具体的事情。这里的具体事情是指能让孩子直接经历或者感受，也就是可以让他们看到或者触摸到的东西。

如果因为直接指出孩子们的问题行为比较困难，而选择隐喻的说法或者使用具有象征意义的物品来说明，反而会使孩子更加混乱。我们应该舍弃这种"即使很模糊地指出问题，孩子也能够认识到自己的错误"的想法。

因为这些抽象模糊的表达方式不仅会降低说服力，还可能让孩子在选择应该付诸的行动时产生混乱。所以，如果你需要改变孩子的行为方式的话，就应该果断明确地表达你的想法。

模糊表达方式和清晰表达方式的差异

模糊表达	清晰表达
你给我好好做！	回家要复习功课。
你的问题不少啊！	总丢东西是缺点哦。
大人正在说话呢，你这是什么态度？	家长在说话时要端正坐姿好好听。
这也太乱了。	你应该好好打扫房间。
你能不能听话？	回家要读读书。
你不能自己看着办吗？	爸爸请你帮忙跑腿，你就应该去。
我求求你，就听次话吧。	吃饭时不要说话。
非得这样吗？	不要和弟弟吵架。
你最近可让我很不满意。	不要起这么晚。

假设爸爸对孩子说："你给我好好做！"但事实上，孩子并不知道究竟怎么做才算是"好好做"。孩子感受到的只是当时的气氛、语气和态度而已。孩子也会因为没有正确理解爸爸的话的真正含义，而不能很好地认识

到自己的错误，导致孩子仍旧会按照错误的方式行事。

我们再来假设一下，如果孩子不遵守和爸爸的约定，这时爸爸就会十分头疼。爸爸会对不遵守约定的孩子这样说："像你今天这样不遵守约定可不好。"这个"不好"对孩子来说太模糊了。

"不好"二字具体想要表达的内容究竟是"只是认为不好"，还是"如果不好好遵守约定就会挨打"，还是"不给饭吃"？孩子困惑了，最后他会按照自己的想法来理解。

如果想让孩子遵守约定，就需明确地说出"如果不遵守约定，你就会饿肚子，直到你开始遵守约定为止"。这样，孩子就会知道不遵守约定的后果，也会明白父母期待自己成为什么样的人，对自己又有着怎样的要求，等等。所以说，如果想指正孩子的问题行为，就需要给孩子传达明确而不是模模糊糊的信息。

指责孩子的行为对亲子双方来说都是压力。

因为对家长来说，不得不对孩子讲一些否定的话；对孩子来说，则不得不听爸妈的唠叨。虽然指责是必要的，但不能经常指责孩子，即便是真正要说，也需要"一次见效"才行。为了达到这样的目的，爸爸就需要让孩子感受到自己话语中所包含的"一定要听话"的确信和果断。

| 常用肯定句，少点否定句 |

孩子们会因为自己的行为常常受到爸爸妈妈的指责，逐渐认为自己不能满足父母的期待，或是不够好、不够成熟。如果这种情绪一直围绕着孩子，他们就会渐渐失去信心，而且很容易有挫败感。否定消极的话不仅会伤害到孩子的感情，而且还会使孩子感到丢脸、羞耻、灰心丧气、茫然无措，甚至还会感到愤怒和屈辱。这最终会导致孩子不仅不把爸爸的话当成为了纠正自己的错误行为而做出的努力，反而会当成爸爸对自己人格的攻击。

另一方面，这种行为也会给孩子造成一种错觉，让他们形成一种错误观念，认为即便是对他人说一些责难或者否定消极的话也没什么大不了的。因此，应避免一味地习惯于使用否定消极的表达方式，与其责难孩子倒不如给孩子指出大的方向并让他们自己不断地改进。约翰·格雷在所著的《孩子来自天堂：正面养育的五个原则和技巧》一书中提到，"应该尽力将否定消极的话语转换到积极肯定的方向"。

否定的话语只会招来抵抗而非配合，也不能达到拆穿孩子的小骗术从而引导他们向父母所期许的方向发展的目的。与此相反，正面积极的鼓励之语不仅可以让孩子心情愉悦，且十分行之有效，同时还会提升孩子自身的存在感，让孩子有意愿解决所面临的困难和问题。

可以用肯定的方式表达否定信息，如下表：

消极否定的内容	积极肯定的内容
我希望你不要打妹妹了。	我希望你和妹妹可以好好相处。
我希望你不要再吵了。	我希望你安静一些。
我希望你不要游手好闲，应该整理一下房间。	我希望你现在可以整理一下房间。
我希望你不要用这种方式讲话。	我希望你能用更尊重他人的语气讲话。
我希望你不要顶撞爸爸。	我希望你能好好听爸爸的话。
我希望你现在不要玩卡片了，去刷牙吧。	我希望你现在就去刷牙。

|三分钟内只说核心内容|

孩子们能集中精力听爸爸讲话的时间比我们预想的要短得多。一般情况下，超过三分钟，孩子们便会感到无聊。因此，我们需要在三分钟内将自己的前言、主题以及结论都讲清楚。为了能够在三分钟内和孩子开展高效的对话，就需要我们熟知对话的核心内容，以及能让孩子更好地理解这些话的表达方法。

和孩子讲话时，如果不直接进入主题而是先卖关子，孩子肯定会变得不耐烦，而且这些话也会被当成唠叨，容易产生反效果。爸爸如果习惯了啰嗦的对话方式，就会使得对话脱离原定的主题。

如同人有要害，对话也存在要点。如果我们能够了解话题的要点，那么，无论是与谁对话我们都能自信满满。正确抓住对话核心必须从结论开始，与孩子们对话时亦是如此。直接从结论入手会让孩子将注意力集中到对话的核心部分，同时也可以展现爸爸自信的模样。孩子在观察到爸爸讲话的模样后很可能会开始模仿爸爸。如果爸爸总是能够很好地说明对话的核心内容，孩子也会在听的过程中自然而然地学会这种对话技巧。

| 不要激动！语调要温柔果断 |

通过对话改变孩子的行为时，除了所用的词汇，对话语气也同样重要。激动的、不耐烦的或者愤怒的语气都会使孩子在认识到自己的错误行为之前，误以为你是在对他发脾气。

当我们必须指出孩子的错误行为并训导孩子时，最要不得的就是轻易发脾气或者无法控制自己的情绪。爸爸越是容易激动，孩子们就越会抱怨："又来了，这次我要忍几分钟啊？哎，真是烦死了！"同时还会表现出极度的不耐烦。在这种情况下，孩子们不仅不会冷静地听爸爸讲话，反而会反驳爸爸。"我到底做错了什么？你至于这样吗？你为什么每天都大声训我呢？别的孩子也都是我这样啊，为什么你只是抓着我不放呢？"特别是当你在别人面前责备他时，更容易引起孩子的反抗心理，因此劝导孩子时要考虑这些因素的影响。

要想掌握对话的主导权并指出孩子的错误，就绝对不能激动。突如其来的激动情绪同样会带给孩子冲击。如果想要好好地安慰孩子，就要先控制自己的情绪，需要让孩子明白自己所讲的话发自内心。

| 不能只是听他说，要让孩子付诸行动 |

通过对话改变孩子的行为时，需要一并告诉孩子改变的具体方法。因为，即便孩子真的下决心改变，也常常会因为不知道具体的方法而浪费时间。为了能够真正改变，孩子们需要掌握改变错误行为的具体方法。

通过对话最终获得"肯定"的答案也很不容易。但更难的是将"肯定"的答案转换成实际行动。因为即使费尽心力获得了"肯定"的答案，如果最终没有成功转换成行动，所有的辛苦也会变得毫无意义。因此，我们不要只得到孩子的承诺就停止，而是应该告诉孩子具体方法，帮助孩子最终付诸实践。

04

第一人称传达法

我们往往会因为想改变孩子的坏习惯而多番劝说，却最终因无法沟通而变得疲惫不堪。这时，值得推荐的方法就是"第一人称传达法"，即爸爸将对孩子行为的看法和感觉客观且直接地告知孩子。当孩子的行为没有达到爸爸的期许时，爸爸就会感到不舒服，孩子和爸爸之间也会产生问题。这时，与其选择对孩子发脾气，不如运用"第一人称传达法"来沟通一下。

举例来说，孩子在家里跑来跑去撞疼了爸爸，爸爸可能会说："你能不能安静地坐下玩？""你干吗这样？""我不是说过不能在家里跑吗？"这些都是所谓的"第二人称传达法（You-message）"。如果将这些话转换成"第一人称传达法（I-message）"，就会变成："宝宝，我被你撞疼了。""我还吓了一跳呢。"这些话的主语变成了我（自己）。在第二人称传达法里，往往会较多使用表达否定意义的命令语气用语——"去做"；但在第一人称传达法里会包含一种"希望孩子能听听家长因为他们的行为而产生的感觉"。

该方法表达的不是"你（孩子）有问题，或者你做错了"，而是"因为我（爸爸）有问题，所以需要你的帮助"。因此，孩子会以更加平和的心态接受家长的意见，并产生帮助家长的想法，减少抵触和反抗心理。

换句话说，第一人称传达法就是在直接描述孩子的行为后，对孩子表达出家长的真实想法。在使用该传达法时，最重要的是能直接表达出自己的想法。爸爸可以说："因为你不打扫卫生，所以爸爸心情不好。"这种方法不仅能帮助孩子改正问题行为，而且可以强化孩子做出积极肯定行为的意识。

● "你把这些玩具丢得到处都是，是想让谁来整理？不要玩了！"

→责怪孩子的同时，也传递了你的不愉快。

● "爸爸要做的事情太多了，尹夏也不收拾自己的玩具，爸爸真的好辛苦啊！"

→这种方法既不需要责怪孩子，又可以把自己的想法表达出来。

第一人称传达法可以用来预防孩子的一些不当行为，不仅不会给孩子带来负担，反而很有效。它可以高效地传达父母的想法，虽然孩子听了还是会有一点压力，但却有种自己也被考虑到的感觉。孩子们也会因此开始听大人们的话并产生共鸣。总之，第一人称传达法不但不会引起听话人的反感和辩驳，还可以表达出说话者的感受，从而使对方关注自己的需求。

05

别总想要赢过孩子

有句老话叫"没有哪个父母能拗得过自己的孩子"，之所以这么说，是因为比起儿女对父母的爱，父母对儿女的爱更深。付出爱的人是不可能赢过被爱的人的。

年幼的孩子总是以自我为中心，常常只会说自己想说的话。当出现一件他们想做的事情时，他们就会全身心地投入其中，其他的什么都不管。爱着孩子的父母总不愿意违背孩子的意愿。就算父母认为孩子的判断是错误的，也仍然会支持孩子的选择。然而孩子并不明白父母的心意，如果孩子们知道父母的心意，可能就会按照父母的意愿做事了。

如果爸爸想要战胜这样的孩子，结果会怎么样呢？如果在一些琐碎的小事上也总想胜过孩子，就很容易忽略孩子的主张或让孩子感到气馁。这样的话，孩子只能听从爸爸的意见或者决定。让孩子按照爸爸的想法来行动，爸爸可能会因为一时的胜利而满足，误以为孩子会一直按照自己的意愿来行动，但其实这是个错觉。过不了多久，爸爸就会发现，孩子并没按照自己的要求行动。孩子一旦叛逆起来，爸爸就会变得束手无策。你对孩子的愤怒和被背叛的感受会让你和孩子渐行渐远，孩子也会渐渐与爸爸保持距离，亲子关系最后只剩下埋怨。

爸爸的压制会让孩子闭上嘴巴，关上心门。爸爸会因而变得郁闷，也会因此更加埋怨孩子。最终两人之间会形成一条无法逾越的鸿沟。关系一旦闹僵，就算爸爸为了缓和关系使用"怀柔"政策也将于事无补。事实上，和孩子争吵时即使父母赢了，但是之后，很多父母得花费好几年的时间来缓和自己与孩子的关系。

在和孩子的争吵中获胜这一行为，对于孩子的成长以及家庭的幸福没有一丁点好处。但是爸爸经常故意输给孩子这种行为也没多大意义。因为如果爸爸经常输给孩子，孩子会变得气焰嚣张、不爱听爸爸的话，会经常想要赢过爸爸，最终爸爸会失去身为父亲的威严。

| 双赢对话法 |

爸爸必须发挥一家之长的作用。在与孩子发生冲突时，爸爸不应该一味地想着赢，或者故意输给孩子，而应该营造一种无胜负的局面。所谓的双赢对话法，是指爸爸和孩子发生冲突时，让双方都心情愉悦地产生"自己赢了"的感觉。

双赢对话法是一种通过寻找问题的根源，双方都提出可能的解决方法，用双方都认同的方法来解决问题的沟通方式。假如孩子突然缠着要买玩具，导致父子之间产生矛盾，爸爸应该听听孩子突然想买玩具的理由，并肯定孩子的需求，然后再耐心解释不能给孩子买礼物的理由，尽量缩小两人之间的分歧。最终，爸爸可以和孩子商量能否改天再来买，或者买一样比孩子要求的玩具更便宜点的玩具。如果爸爸一味地强调不能给孩子买玩具，那么最终爸爸会妥协于孩子的死缠烂打，而不得不给孩子买玩具，这样就等于爸爸败给了孩子。今后如果苦于不知该如何解决与孩子之间的矛盾，可以试着用双赢对话法来结束对话。

第九章
一句话，改变孩子的无理取闹

你的孩子目前所有的说话方式、行为习惯都可以说是反映了爸爸呈现给他的样子。你一定有对孩子不满意的地方，然而每个人都有缺点，一定会有不良的行为或习惯。要成为一位好爸爸，你必须不断思考孩子有哪些问题行为，以及不断学习如何与孩子诚恳沟通，让他改正不良行为与坏习惯。

无理取闹是成长的过程

每当孩子开始无理取闹的时候，和孩子相处时间越少的爸爸，就越会束手无策。要想改掉孩子无理取闹的毛病，爸爸首先得知道无理取闹是什么，原因又是什么。孩子如果不能做自己想做的事情，或者没有得到令自己满意的结果，就会"无理取闹"或者纠缠不休。

孩子们无理取闹的理由多种多样。第一种，想做某件事却因为外部原因没能做成；第二种，需要某样东西大人却没发觉；第三种，感觉到周围人对自己的期待很高，或是不被理解的时候；第四种，孩子易焦躁，父母太过溺爱孩子导致孩子没有学会一些行为原则；第五种，下定决心的事情却没有顺利实现，不知道该怎么做或者自信心受挫的时候；第六种，没有充分的能力来理解并表达自己的感情，因此不了解自己受挫的原因而导致无端地耍赖发火。

孩子们事事都会以自我为中心，所以明明玩得很好却突然无理取闹，这种情况并不奇怪。这种无理取闹的行为对于孩子而言是再正常不过的事情，也是孩子必须要经历的自我发展的过程。每个孩子都会有细微的差异，但是孩子们在 12 个月至 18 个月期间常会无理取闹，24 个月的时候，无理取闹的程度会达到顶点，之后则可以用对话来解决这一问题。一般情况下，孩子在幼儿期时，如果自己的要求或者自主性受到妨碍，自然而然就会发火，并表现出不满来"反抗"，甚至会为了贯彻自己的意志而使用"暴力"。虽然孩子无理取闹起来会让大人感到很慌张、不知所措，但是大人得明白，这是孩子自我发展的一个必经过程。

无论是因为厌烦孩子的这一行为，一心想让他改掉，选择用强硬的方式制止他，还是在孩子的纠缠之下最终妥协，听任孩子的要求，都只会"加重"孩子的问题行为。在孩子小的时候，如何解决孩子的"无理取闹"问题，是一件非常重要的事情。恰当地解决了这一问题，孩子的言行会变得端正得体；而如果没能解决这一问题，孩子一辈子都会是一个"欲求不满"的人。

每个孩子都会无理取闹，而解决孩子的"无理取闹"问题的重要意义就在于，处理得当与否，决定了会对孩子的性格产生积极还是消极的影响。

02

让孩子知道你了解他

正如前文所说，孩子们无理取闹的理由多种多样。在婴儿时期，孩子会在半夜醒来寻找妈妈爸爸，缠着大人唱摇篮曲或者寻求大人的安慰，但是如果没有得到任何人的关心，孩子就会耍赖哭泣。到了幼儿期，所有过去由妈妈爸爸为自己做的事情，孩子都想亲手实践：他会吵着自己吃饭、自己穿脱衣服、自己洗脸。虽然真正放手让他们做的时候他们也做不好，但是孩子就想获得一种"自力更生"的成就感。

每天能量满满、很活跃的孩子，比那些安静的孩子更容易耍赖和无理取闹。因为孩子总想炫耀自己的能力或者吸引旁人的注意。当孩子们通过"无理取闹"获得了周围人的关心，或者宣泄了自己的不满情绪、达到了目的，此后就会习惯性地无理取闹。从孩子的立场来看，如果爸爸是完美主义者、控制欲强，"无理取闹"就是他脱离爸爸掌控的手段，同时他知道可以利用无理取闹来让爸爸顺着自己的意愿做事，或者想以此免受爸爸的处罚。

虽然孩子无理取闹的原因有很多，但最根本的还是因为爸爸不理解孩子的心意而导致孩子耍赖撒泼。孩子在自己强烈的欲求无法通过正常的方法得到满足时，只能采取自己能够做到的其他方法来表达不满，例如哭闹、发火、蹬腿、丢东西，甚至拿头撞墙等行为。

| 孩子需要爸爸自始至终的温柔对待 |

虽然略有差异，但是孩子们"无理取闹"一般都是因为自己的欲望得不到满足。因此，在孩子无理取闹的时候，首先得明白孩子需要的是什么。

找到了原因之后，哪怕这个原因很幼稚，也要温和地鼓励孩子，这样，孩子的自律性才能得到提升。只要孩子的行为并不危险并且没有危害到别人，那就尽量地包容孩子的无理取闹。

解决孩子那些毫无意义的无理取闹时，必须要温和且有一贯性。温和地对待孩子比什么都重要，因为孩子无理取闹，就摆出一副不耐烦的表情或者对孩子发火、发牢骚都是白费功夫。而对孩子发火或者动粗，孩子只会哭闹得更凶，也会变得不愿意再听爸爸的话。孩子一旦开始无理取闹，情绪会异常激动，因此爸爸的唠叨和计较根本无济于事。孩子根本连听都不会听，也不会有任何回应，这时候受累的只是爸爸。

● "你一定很伤心吧？"

● "女儿你一定很累了吧。"

● "原来你想吃这个啊！"

试着这样安抚一下孩子。只要能让孩子感受到自己的感情和要求得到认可，孩子就会马上减轻哭闹的程度，情绪也能得到控制。

当然，时刻温柔地对待孩子是一件很不容易的事。然而大人本来就应该亲切、温柔地对待孩子。爸爸需要经常反省自己，在面对孩子的无理取闹时，有没有随着自己的性子随意对待孩子，丢失了一贯性。

如何让孩子懂得将心比心

孩子们因为不懂得如何满足自己的需求，所以时常会无理取闹。例如，饿了却不知道该怎么要东西吃；想做某件事却不知道该怎么请求爸爸的帮助；有不懂的地方却不知道该怎么学习，等等。这个时候，如果爸爸随便发火，孩子会更加无理取闹。

教会孩子礼貌地提请求

如果爸爸厌烦孩子无理取闹的行为，无视孩子的意见或者威吓孩子，孩子只会更加抗拒、更加无理取闹。甚至他还会哭着想："爸爸不爱我，爸爸抛弃我了，爸爸肯定是后爸，不然怎么会说出那样的话？"在这种情况下，爸爸应该教孩子礼貌地提出请求的方法，而不是放任孩子继续无理取闹。

例如，可以教孩子这样说："爸爸，我想去动物园，你能陪我一起去吗？""爸爸，学校老师说让我们去看看动物，所以我们得去动物园。"爸爸应该告诉孩子，礼貌地提出请求时，并不能一味地以自己的立场为先，而应该说出理由，并考虑爸爸的立场。如果不管怎么教育，孩子都不以为然，并且胡搅蛮缠，那么在孩子学会礼貌地提出请求之前都不要理他。

适当的不理睬，能让孩子明白"不能总是我行我素"。如果孩子礼貌地提出了请求，爸爸应该夸赞孩子，并让孩子习惯这种态度。在孩子表现得有礼貌的时候，爸爸应该积极称赞他，表示自己很欣慰。这样一来，孩子在下次想要满足自己的要求时，就还会采取这种方式，而不是无理取闹，渐渐地，孩子就不会再无理取闹了。

让孩子懂得将心比心

越会无理取闹的孩子，就越是以自我为中心。无理取闹的孩子常常不会考虑别人的感受，只考虑自己的目的；他们要求别人理解他们的感受，却不会体谅他人。在教育这种孩子的时候，得教他学会如何站在别人的立场考虑问题。

孩子们并不知道自己的要求会给他人带来多少负担，因此得让孩子学会关怀别人，学会站在别人的立场上为他人着想。为了让孩子学会理解他人，可以和孩子一起玩"立场互换"游戏。

04

无视也是一种方法

要想让孩子停止无理取闹，那么首先要准确地了解孩子最需要的是什么，而后通过让双方理解彼此的立场，并同意一方的意见或者以达成共识的方法来解决问题。事实上，想让孩子不再无理取闹，往往需要爸爸的耐心。

为了让孩子停止无理取闹，爸爸的努力有时候反而会起反作用，也会引起亲子间的主导权之争。这时爸爸们大多会很受挫：孩子的无理取闹让爸爸感觉受到了背叛。因为，一直以来都可爱、乖巧又听话的孩子，一旦与爸爸对立，那一瞬间给爸爸带来的冲击是巨大的。

争执得越凶，孩子越会为了主导权而"奋斗"，爸爸则会一直主张自己的权力，这样一来，对话就变成了无法相交的"平行线"。问题就在于，这场"战争"不会对任何人有帮助，谁输谁赢并不重要，这只是一场无聊的消耗战而已。假设，孩子在地上躺着，边跺脚边大喊大叫。

● 孩子：给我买冰淇淋！

● 爸爸：不行，会感冒的。

● 孩子：啊——啊——啊！快点给我买冰淇淋！

● 爸爸：你要是继续在人多的地方这样，小心我教训你。

● 孩子：（继续哭闹）

● 爸爸：知道了，知道了，就这一次，别闹了。

如果这时，爸爸对孩子的行为束手无策，答应给他买冰淇淋的话，那么会助长孩子无理取闹的气焰。所以，要警告孩子并对孩子的哭泣视而不见。当然，这个过程会让爸爸心疼不已，而且在人多的场合也会感到很尴尬。但不能因此而逃避问题，逃避只会让孩子在这场恼人的战争中取得胜利。胜利的经验还会让孩子认为，以后只要大吵大闹就能赢，到时候爸爸就只能再次屈服于孩子的无理取闹了。结果就是恶性循环，永无休止。

掌握主导权需要时间，所以对孩子的无理取闹要先适当地忽视。人通常都是越被阻拦越想去做，但被命令时反而会失去兴趣。所以，跟孩子无法进行沟通时，索性就让他继续无理取闹。这样会让你从与孩子的斗争中脱身，也是让孩子停止无理取闹的好办法。

对孩子过度的无理取闹保持漠不关心，让孩子从中明白无理取闹是什么都得不到的。因此，就算孩子在公共场所的地上打滚，爸爸也要承受住别人"火热"的目光。只有这样才能让孩子知道他的无理取闹毫无作用。当孩子认识到没有人会帮他时，渐渐地就会明白自己的行为只是徒劳，就会改正自己的行为方式。

05

无理取闹中也有理由

　　孩子开始无理取闹时，爸爸先会笑着劝解孩子。但是如果这样就不闹了，那就不是孩子了。无理取闹时，如果父母不能满足他，孩子就会继续哭闹，严重时会哭一个小时以上。爸爸妈妈怕孩子会哭出毛病因此会忍让他几次，但放任他几次又担心会惯坏孩子，于是又开始跟孩子"斗争"。这时，孩子更会放声大哭，让父母很是难办。

　　无理取闹虽然看似是孩子无理，但其中确实存在着理由。而且，只要好好分析，就一定能找到解决的办法。在孩子无理取闹时，如何用语言来沟通呢？我们可以看看以下几种状况：

| 孩子睡前吵闹 |

孩子在睡前吵闹让爸爸很难办。为了哄孩子睡觉，得在旁边不停地轻拍安慰。孩子闹觉有很多原因：可能是怕入睡后与爸爸妈妈分开太远，这让孩子感到不安，甚至在熟睡之前还会嘀嘀咕咕；或者是白天睡太多，睡眠时间不规律，睡觉的地方不舒服等原因导致吵闹；另外，身体不舒服、环境变化、压力等也有可能导致暂时性的闹觉。

一旦孩子开始吵闹不睡觉，切忌跟孩子发脾气，这毫无作用。此时，爸爸应该先了解一下孩子不高兴的原因，并采取合适的应对方式。重要的是要消除孩子心里的不安，引导他安心地睡觉。让孩子习惯固定的入睡和起床时间很有必要，但不要强迫没有睡意的孩子在固定的时间睡觉，而是让他在困的时候安心地入睡。而且要确定一下孩子是否已经准备好睡觉，避免家人还在看电视时却让孩子去睡觉。

睡觉时，家人都躺下并关灯。爸爸可以躺在孩子的床上，给他念书或讲故事。这时，给孩子做身体按摩也不错。给孩子营造容易入睡的舒适气氛尤为重要。如果孩子一时吵闹，可以先试着接受他的情绪，因为孩子可能是在用这种方式表达对爸爸的不满，所以这时候爸爸要让孩子感受到"爸爸真的很爱你"。

闹着要买玩具时

跟孩子一起购物或者经过玩具店时，常常会发生孩子闹着要买玩具的情况，有些孩子甚至会躺在地上哭闹。这时，大部分爸爸都会无可奈何地给孩子买玩具或者打骂孩子直到他不闹为止。

孩子之所以会闹着买玩具，是因为他在电视上看见过或者经过玩具店时一时好奇，或者觉得新奇而想得到它。但是不能因为孩子哭闹就给他买，这不但会带来经济上的负担，还会助长孩子无理取闹的气焰。

韩国 SBS 电视台《我们的孩子变了》节目曾播放过五岁男孩英书吵着要玩具的耍赖场面。英书本来就很喜欢玩具，只要外出就会哭闹着要买玩具，每次爸爸都很无可奈何只能给他买。但问题是爸爸刚买回来的玩具，英书总是玩一次就扔掉了。

他连玩具的使用方法都没有搞清楚就开始闹着要买新的。并且，他不但不整理自己的玩具，还把玩具到处乱扔，让爸爸束手无策。不只在家里这样，经常去超市哭闹也让英书变得"出名"。

无奈的爸爸最后只好求助电视台。为了改掉英书的毛病，幼儿专家们提出了以下几点建议：第一，做一个表格，在英书好好整理自己的玩具、为爸爸跑腿或者表现良好时，在表格中画上笑脸，并且承诺英书当他集齐五个笑脸时就给他买玩具。

第二，让孩子自己把需要遵守的约定写下来，包括把玩具收拾好等，并贴在他看得见的地方，让他时刻记住。

第三，当英书哭闹着要买玩具时，以面壁思过为惩罚，让他思考自己做错了什么、为什么要哭闹。

第四，要英书在做错事时说"我错了"。

按照专家的对策实行后，英书吵闹着要玩具的情况的确减少了很多。

|挑嘴、偏食时|

每次吃饭都要跟孩子"大战一场"的家庭很多。偏食、挑嘴的大部分原因是孩子有其他想吃的东西。比如，孩子更想吃饼干或者炸鸡而不是饭，或者是没有他爱吃的菜等。偏食、挑嘴是孩子成长过程中的自然现象，但却给父母们带来很大的压力。

每次孩子挑嘴偏食不好好吃饭，父母因为担心孩子的身体，最后总会无条件地依着孩子。但是几次吵闹赢过了父母之后，孩子以后会继续吵闹，因为他们发现如果自己不吃，父母就会给他好吃的东西。

很多父母遇到孩子哭闹时，为了赶快摆脱现状都会向孩子妥协。比如，孩子挑嘴时，为了让孩子停止哭闹，会用"吃这个就给你买你喜欢的玩具"的方式处理问题。但问题在于，孩子做了自己本该做的事还得到了奖励，他反而无法认识到这件事的必要性。因而，与其向孩子妥协，倒不如用说服和劝导的方式，解决他的哭闹。如果孩子不吃鱼肉，可以尝试着说"你不吃鱼会缺钙，骨头会变得很脆弱，爸爸很担心你的身体，所以……"这样的话语。

孩子在饭前哭闹时，爸爸的反应会随着当时心情的不同而不同。比如，觉得孩子可爱时会有"孩子饿着了该怎么办"的想法，进而答应给他想吃的东西；但觉得孩子很恼人时，就会突然训斥孩子。这样的做法会让孩子无所适从。因此你应该先决定，是给孩子想要的东西让他停止哭闹，还是训诫他并让他停止？不管是哪种，都要保持一贯的作风，才能解决孩子偏食挑嘴的问题。

在孩子吃饭的问题上，爸爸妈妈总是有强迫观念。孩子不吃饭时，父母首先都会考虑孩子是不是生病了，会不会影响孩子的成长，因此对孩子不吃饭这件事比较敏感。而孩子发现只要不吃饭，父母就答应他做任何事，就会借由吵闹来表达自己的不满，和父母较劲。爸爸越是在意这件事，事情就越不容易解决。

放下"孩子一定要吃得好"的强迫观念，试着用"少吃一两顿没有大碍"的想法来缓解焦躁。这样一来，孩子会发现就算自己不吃饭，爸爸也没有任何反应，也会领悟到哭闹只会让自己饿肚子的教训，这样他就不会再挑食了。

如果用这种方式还是无法让他停止哭闹的话，最后的办法就是每当他这样做时就禁止他做自己喜欢做的事情，比如跟孩子说"你不吃饭的话就不让你看你喜欢的动画片"。当孩子知道不能做自己喜欢的事时，起初孩子一定会因为受到打击而变本加厉地哭闹。这时，即使爸爸心里再难受也要忍住。当孩子发现爸爸不会按照自己的想法来的时候，就会听爸爸的话了。

第十章
让孩子不再沉迷于游戏的对话法

最近的孩子看手机、电脑的时间多于看自己爸爸的脸。这不仅减少了家人间的对话，也会造成许许多多的问题。威胁孩子没收手机、搬走电脑等，并不能解决问题。首先必须了解孩子沉迷于电玩的原因，并且彼此聊聊对电玩的看法，迈开解决问题的第一步。

无法避免的诱惑——电玩

最近的孩子被称为"数码小孩",爸爸妈妈都要费很多心思才能玩转的尖端电子产品,孩子只要稍微摆弄一番,就会比父母还要娴熟。还有人戏称这年代的孩子出生就带着数码遗传基因。

从电脑使用的普及化来看,很多两三岁的孩子就会玩电脑了。这个现象的优点是能够带给孩子更多元的刺激,并引发他的好奇心,但随之而来的副作用也不容小觑。特别是经常使用电脑的孩子,自然会接触到游戏并很有可能上瘾,进而剥夺他对其他事物的兴趣。孩子一旦热衷于游戏,必然会减少同家人的对话。

综合研究结果表明,孩子一般打电玩的频率是每周一到两次,每次不到一小时。孩子玩游戏的最大原因是"很有趣",比起单机游戏,孩子更倾向于网络游戏。

适度地玩电脑游戏没有问题，但一旦过度将引发大问题。不久前还有一件令人吃惊的事情，一名小学生因为游戏上瘾偷走家里两千多万韩元（近十二万元人民币），辗转于网吧。因为孩子缺乏判断力和自制力，所以父母应该对孩子玩电玩这件事更加慎重。理由如下：

第一，最近的游戏都不再是单纯玩局就结束的游戏，还包含体力、分数、更强的能力等容易上瘾的内容，一旦沉迷就很难恢复正常生活。

第二，在游戏中反复打杀敌人、怪物会使孩子不自觉地产生暴力倾向，进而追求更大的刺激。已经有研究结果表明，如果不能给孩子更强的刺激的话，他会变得焦躁不安，会把游戏里的暴力行为搬到实际生活中。在仍不具备完全判断力的孩童时期，要特别警惕，若孩子已经习惯了暴力游戏，未来会更容易有暴力倾向。

第三，孩子总是生活在虚拟世界里，会不适应实际生活，容易形成逃避现实的性格，与同龄人的人际交往也会出现问题。

第四，沉迷电玩有害健康。久坐不动地玩游戏，视力、肩膀、手脚都会出现问题，严重的甚至还会休克。

父母为了阻止孩子玩游戏，每天都和沉迷游戏的孩子展开斗争。有些父母将电脑搬到客厅或者将电脑设上密码。但是孩子会去各种有电脑的地方，不管是在网吧还是朋友家，亦或是学校，越是阻止他越想做。总而言之，要让孩子少玩电玩，重点不在于不让他玩，而是通过对话解决。为此，你首先要找到对话的契机。因为越沉迷游戏，孩子越不想跟父母对话，所以如何开始对话尤为重要。

| 与孩子一起玩游戏 |

要想通过对话解决孩子沉迷游戏的问题，首先要正确掌握孩子在玩什么游戏。只有知道了孩子沉迷游戏和喜欢游戏的原因，才能开始和孩子对话。

K夫妇都是教师。不知从哪天开始，只要爸爸回到家，孩子就拿起爸爸的智能手机开始玩游戏。从那以后，孩子每天等的不再是爸爸，而是爸爸的手机。孩子每天饭也不吃，只热衷于游戏，最后健康也出现了问题。他们也教育过甚至打过孩子，但孩子的行为毫无变化。

各种各样的方法都试过了，但是孩子不但没有改变，甚至不再愿意和父母对话。最终，爸爸认为要想再次与他对话，先得深入了解孩子所玩的游戏，所以决定亲自试一下孩子喜欢的游戏。他逐一学习孩子喜欢的游戏的内容、方法、规则、快捷键、技术与地图等等，只要有不会的地方就去请教儿子。结果孩子教得起劲，最终两人还一起玩了游戏。

K就这样通过游戏和孩子开始了对话，互相敞开心扉聊天后，知道了"孩子需要什么"以及"游戏吸引他的地方"。最终爸爸了解了孩子沉迷游戏的内心，孩子知道了爸爸真心地担心自己。当K的水平和孩子变得差不多，他便和孩子打赌，输的一方要答应赢的一方一件事情。最终K获得了游戏的胜利，希望孩子逐渐减少玩游戏的时间，孩子也笑着答应了。

○2

远离电子游戏，有方法

电子游戏很有趣，有趣到能让大人也很难休手。电子游戏有利于缓解压力，并且让人很难再找到消磨时间的其他方式。那么，怎样才能让孩子远离这样有趣的游戏呢？那就是找到更有趣的事情。

|培养能取代游戏的兴趣|

对孩子来说，游戏是最强有力的诱惑。因此不管爸爸怎样说游戏的害处，孩子都无法放弃从游戏中获得的乐趣。所以想要孩子远离游戏，便要找到其他活动，能给予他同样、甚至更大的乐趣。这种替代的活动，可以是孩子平时想做的爱好或体育活动。而且，要让孩子自己去选择，而不是听爸爸的意见。

在现实生活中，银硕从小学二年级开始沉迷于游戏，想做的事情只有玩游戏。父母两人上班都很忙，白天的时间大多只有他自己在家，即使玩游戏也没有人阻挠。认为情况严重的爸爸训斥了他，让他减少游戏时间，并规定了玩游戏的时间，但是银硕却不能很好地遵守。

无可奈何之下，爸爸想起了银硕以前说过想学吉他，想着或许给银硕买个吉他，他就能从游戏中脱离出来，于是便给他买了吉他。有了新的兴趣后，银硕开始为了学习吉他去上辅导班，还从网上找乐谱。一家人每天晚上都要一首一首地听银硕白天所练习的曲目。现在，银硕的吉他演奏已经成为家庭聚会的必备节目。银硕原本只对游戏感兴趣，现在吉他成了他的新兴趣。

在孩子沉迷游戏时，比起强迫他，用有趣的事情自然地将孩子的注意力转移，一点点减少玩电脑的时间会更好。运动对孩子也是项很好的活动，每天的进步都可以用眼睛看到，孩子也会兴趣十足地不断练习。

| 跟孩子讲游戏的害处 |

让玩游戏的孩子自己想一下游戏的害处，有助于减少游戏时间。可以先让孩子想想沉迷于游戏会丢失的东西。把你对他的观察告诉他也是一种很好的方法，因为孩子一定不知道自己的状态。可以将孩子玩游戏的样子录成视频并放给他看，也可以记下孩子每次玩游戏的时间，统计成数据展示给他看，还可以给他讲述或罗列出在他玩游戏的时间内无法做成的事情。

如此一来，孩子会自己明白为什么必须要减少玩游戏的时间，相比强迫他不能玩游戏，让他自己醒悟会更有效果。

● "圣宇为什么玩游戏？"
● "玩游戏有哪些好处？没有比游戏更好的事情了吗？"
● "如果只玩游戏的话会怎么样？"
● "万一只玩游戏不写作业，妈妈会说什么呢？"

跟孩子对话时，不要一味地告诉他不能玩游戏，让他认识到游戏的问题并引导他自己改正会更有效果。

|试试全家人都能玩的游戏|

若孩子已经习惯于自己一个人打游戏，建议你玩一些全家人都能参与的游戏。打牌有两人、四人、团体等多种形式，和电脑一样有趣。而排列后再一次推倒的多米诺游戏，可以和家人一起排列图案、一起看骨牌华丽地依次倒下，也可以促进家庭的和睦。

打牌不会被场所大小局限，也几乎不需要准备游戏的时间。不管在哪里，只要有两个人就能玩。堆积木不仅能提高孩子的创新能力、思考能力、想象能力，而且有助于孩子的身心发展，与家人共同努力搭建出造型的过程也能让孩子感到快乐、满足，充满成就感。

当家人因为游戏而聚在一起时，孩子为了胜利而努力，展示了与平常不同的另一面。平时总是威严与严厉的爸爸，现在也是一名玩家，看到爸爸的新面孔，对孩子来说也是愉快的经历。

在以往的对话模式中，爸爸一直对孩子很有威慑力，孩子总是坚持自己的立场，现在则用不同以往的模式，打开了亲子对话的新篇章。这也是专家们推崇家庭游戏的原因。让人敞开心扉没有负担的话题才能打开对话的大门，家庭游戏作为新的家庭游戏文化，能够拯救沉迷游戏的孩子。

| 让他玩游戏，直到厌烦 |

这个方法是当前面介绍的方法都没有效果时，能使用的最后一种方法。各种方法都尝试了，但看不到显著变化的话，不需要再到处找别的方法，就宽容地允许他玩游戏吧。无论多么有趣的事情，尽情做完以后都会厌烦。

实际上，无论是多喜欢游戏的孩子，让他只玩游戏的话，某个瞬间开始他便觉得游戏无趣了。要想孩子自己厌烦游戏的话，一定要有"不喜欢学习的话就不学，你尽情地玩游戏吧"这样的淡然态度。这时孩子会熬夜打游戏，去学校后就打盹，这时你一定要装作不知道地放任他去。那样的话，孩子某一天便会对游戏产生厌烦，自己就减少游戏时间了。

这个方法让孩子自己有了独立思考的机会，让他去思考这么做有什么问题，并自己主动减少游戏时间。也有父母会在说完"你尽情地玩游戏吧"后，因为过于担心孩子又忍不住对孩子说起游戏的话题。但是，这么做会让这个方法失去效果。听到那些话的瞬间，孩子很可能再次沉迷于游戏。

（03）

制订让孩子也满意的游戏时间表

许多儿童教育专家主张，必须以减少电脑游戏的方式，严格限制孩子打电玩的时间。也就是，确定孩子玩游戏的时间，严格遵守这个时间，决不能超过。具体实践方法如下：

写下每周可以打游戏的时间表

不要一次性减少电脑的使用时间，要设定合理的目标。例如，如果现在孩子每周玩 30 个小时游戏，那么目标就是减少成 20 个小时。星期几能玩游戏、每次玩游戏的时间、不能遵守约定时的处罚等，都要同孩子商议后决定。

商定好后做成协议书，签名后爸爸和孩子各自保管一份。在电脑边显眼的地方也贴上一份，这样有助于孩子在每次玩游戏时都会想起和爸爸的约定。即使是这种情况，也需要合理、一贯的态度。当孩子发生了哪怕只是一点点的积极的变化时，都要给予他表扬或物质上的奖励，用多种多样的方法鼓励他。

|实施"电脑使用得分制"|

想使用电脑必须先得分，用得到的分数来使用电脑也是一种方法。例如孩子每读一本书都可以得一分，得一分便可以使用一小时的电脑。也就是说要想玩电脑就必须先读一本书，读完书后还要写读书笔记，否则即使得了分也不可以使用电脑。孩子表现良好也要给分，学习、读书、运动、打扫房间、照顾弟弟妹妹、跑腿等都可以包括在内。

|实施"电脑使用测试制"|

这种方法是出测验题给孩子，只有成绩在指定的分数以上时才可以使用电脑。那么孩子只能认真努力学习。这是既能让孩子遵守电脑使用规则，又能让他学习的一石二鸟的方法。比起唠叨与训斥，合理的方法对孩子来说也更有说服力。

但是最能从根本上解决游戏成瘾问题的关键还在于孩子的意志力。因此家长必须告诉孩子游戏上瘾的危害，并帮助他在实践中坚持下去。

爸爸的一句话

为了让孩子正确使用电脑，爸爸必须要做到：

● 电脑放在家里的公共空间。

● 要特别嘱咐他不要随意泄露个人信息。

● 经常与孩子交流他在网上喜欢的东西。

● 违规的话，就要限制使用时间。

第十一章
足以改变孩子人生的称赞法

若仔细揣摩伟人们的成就，就会发现他们的成功并不是只靠自己，其背后也有助力者，以及这些人对他们的称赞与激励。称赞与激励是改变他们平凡人生的魔法，也是激发人们潜力的催化剂。

让不可能成为可能

在心理学领域，有一种"皮格马利翁效应(Pygmalion Effect)"，意思是受到的称赞越多，想做好事情的欲望就越强烈。即，在他人的称赞或者更大的期待下，效率会大大提升，出现更好的结果。

1968年，哈佛大学社会心理学教授罗伯特·罗森塔尔在旧金山的一所小学里，以全校学生为对象做了智力测试。然后，在每个班随机选出了20%的学生，并告诉老师这些是"优胜组的学生"。八个月后，又做了同样的测试，结果显示：名单上的学生的平均分高于其他学生，不仅如此，他们的学习成绩也有了很大提高。可见，老师的期待和激励会影响学生的成绩。同理，家长持续的称赞与激励，也可以让孩子产生惊人的变化。

各种事实表明，称赞不仅能让人心情愉悦，也有助于激发潜能。傻瓜温达[1]在聪慧的平冈公主的称赞与信任下，成为了优秀的将军；双目失明的聋哑人海伦·凯勒在沙利文老师真心的称赞下创造了奇迹。

称赞的效果已被医学证明：受到称赞后，人会分泌各种免疫物质，这些物质会被传送到大脑，抑制不必要的压力荷尔蒙的分泌。除此之外，称赞的优点也数不胜数。

---

[1] 高丽时期的人物，从小家境贫寒，为了照顾失明的老母而四处行乞，被取笑为"傻瓜"。后来与平冈公主成亲，努力学习技艺与武功，成为了将军。——编者注

02

称赞也是一门艺术

　　称赞是一件好事，但是善于称赞的人却不多。如果一味批评，孩子会垂头丧气、自信不足；如果对孩子无条件地大加赞赏，有时也会适得其反。可见，称赞也是一门艺术。

| 从简单的称赞开始 |

　　如果你是从现在才开始练习称赞，请从"简单的称赞"开始。"简单的称赞"要求我们要称赞孩子必定能做好的事情，而不要把孩子为此付出的努力当成是理所当然的事。为改正错误或不良行为而进行的称赞则可谓是"有难度的称赞"。若想做好"有难度的称赞"，就必须给孩子指出值得称赞的目标行为。例如，"贤洙一直都不挑食呢，真是一个好习惯"是"简单的称赞"，而"能主动学习，真棒。比起成绩，看到你认真学习的样子，爸爸更开心啊"则是"有难度的称赞"。

开始称赞时，请从简单的做起，这一点尤为重要。

- "今天看起来心情特别好呢，有什么好事吗？"
- "今天帮了爸爸很多忙，谢谢。"
- "把房间打扫得这么干净，在学校也一定受到表扬了吧。"
- "今天脸洗得很干净，所以看起来很漂亮哦。"
- "今天你能遵守与爸爸的约定，爸爸感到非常幸福。"

| 即时称赞 |

称赞的时机要恰当。日常生活中，孩子做的很多事看似微不足道，但即时称赞会起到很好的效果，尤其是在改正一些坏毛病时。如果称赞不及时，效果就会减半，孩子会认为是爸爸心情好才会称赞他，还会让孩子慢慢养成察颜观色的不良习惯。

- "哇，这幅画是秀贤画的吗？颜色涂得真好！"
- "幸亏有泰浩照顾妹妹，爸爸才能打扫好房间。谢谢泰浩！"
- "你被选进那个队伍，爸爸真高兴！"

说出具体的理由

称赞最能激起孩子的行动力。如果想让孩子完成既定的目标，就必须有目的地称赞孩子。然而，没有依据的称赞也不是件好事。长相一般却称赞漂亮，成绩差反而称赞学习好，长此以往只会在孩子内心埋下不信任的种子。

- "艺苑今天把玩具整理得很好，爸爸真开心啊。"
- "不挑食，肯定能健康地长大。"

具体地称赞孩子的某一行为是非常重要的，并且要对孩子明确表达自己的期望。"不要把家里搞得乱七八糟"——不要笼统地说，应该具体地说出自己的期望——"读完的书要放回原位"或"玩过的玩具要重新放回玩具箱"。如此一来，爸爸指明具体的方向，孩子也更容易获得称赞。

例如，称赞孩子画的画时，与其说"画得真好"，不如说"长颈鹿的脖子画得很长很美"，具体地指出孩子做得好的地方，加以说明并称赞，孩子理解了自己的行动和家长称赞之间的因果关系，以后会更加积极努力。

与其称赞结果，不如称赞过程

还有一点，不要只称赞事情的结果，而应强调孩子努力的过程。能让孩子继续努力的动力，正是对过程的称赞。

如果称赞的重点只放在结果上，孩子很容易变得焦躁。稍有不慎，孩子就容易陷入"为求目的，不择手段"的险境。倘若孩子努力去做一件事，最终却没能做好，他会想着爸爸只注重结果，从而受到挫折、失去积极性。称赞孩子努力的过程，会让他在结果不尽如人意时，也能沉着下来继续努力。

重视结果的称赞方法：

● "恩惠得了一百分，爸爸很高兴。真棒！"
● "数学考得很好，爸爸太开心了。"
● "今天比赛得了第一名啊，我们的艺苑果然很棒。"
● "把房间打扫得这么干净，真棒！"

重视过程的称赞方法：

● "今天打扫房间辛苦啦，家里明亮了许多啊。"
● "每天都认真练习，实力越来越棒了啊。"

肢体语言也可表达称赞

如果只靠话语来称赞，孩子很容易把称赞当成玩笑。为了让孩子感受到真诚，家长需要用肢体语言去称赞。有时，一个拥抱比十句话更有力。通过肢体语言传达称赞，例如，握紧孩子的手，或给孩子一个温暖的拥抱，又或者给孩子投去充满爱意的眼神，更能让孩子感到幸福。与孩子对望，身体向孩子倾斜时，孩子会感到亲近和舒适。

身体接触下的称赞：

● （紧紧抱住孩子）"你知道爸爸相信你吧，镇宇，爸爸爱你！"
● （摸摸孩子的头）"秀贤现在做得很好，爸爸真是太开心了！"

对孩子独立完成的事要格外称赞：

多称赞孩子的理由之一是，要使孩子独立完成自己的事情。因此，在孩子主动做事时，应该给予他更多的称赞。这是孩子为成功而努力的证据，所以要毫不吝啬地去称赞。

明智的爸爸会根据孩子的特点，观察孩子一段时间，选择孩子能接受称赞的最佳时期、场所、事件。这时对孩子的称赞会事半功倍。

● "志龙知道打扫自己的房间了，做得真好。"
● "哇！今天早上衣服穿得真快啊。"
● "你竟然自己完成了！真为你感到自豪啊。"
● "孩子，你给花儿浇水，花儿笑了，爸爸也笑了，心情真好啊。"

最容易被忽视的称赞

很多爸爸在孩子完成既定的事情时，常常给予称赞。但是，当孩子听话地不做爸爸不允许他做的事时，爸爸也不要认为那是理所当然而置之不理，其实这正是最容易被忽视的一种称赞。这种情况依然属于遵守约定的情况，所以需要给予孩子称赞。例如，可以说"让你不要边听音乐边学习，果然做得很好啊，真是我们的好敏俊，真棒"。叮嘱孩子不要做某件事时，如果孩子真的做到了，应该相应地给予称赞。只有这样，孩子才会继续往好的方向发展。称赞时，如果孩子正在努力做某件事，应该激励他在过程中全力以赴。爸爸的鼓励能让孩子产生"我可以做到"的信心。

一定要记住的是，再好的称赞，如果依据不足、夸大其词，便会蒙蔽孩子的双眼。平常只是涂涂画画，却被称赞为"天才美术家"，这样的孩子长大成人后，容易变得自负或者经不起批评。

千万不要按自己的主观判断或当时的心情去称赞或责骂孩子，也不能把称赞孩子当成亲近孩子的权宜之计。

此外，敷衍的称赞是不关心孩子的另一种表现。请记住，只有注视孩子的双眼并真诚地说出每一句话，才能打动孩子的心。

称赞的同时给予物质上的奖励，可以提高孩子的动力。"作业做得好，学习又认真，这次还得了一百分！送你三张贴纸作为奖励。"细分奖励的阶段，送给孩子贴纸等简单的小礼物，能引导孩子走上父母所期望的道路。

03

孩子会因为真诚的批评而改变

有时候，批评同称赞一样，也能使人发生改变。只要灵活利用，就能发挥作用。批评只有出于真诚，孩子才能感受到其中的力量，而在这一方面，与妈妈相比，爸爸更加合适担起批评的责任。

如果要批评孩子，但又不想让孩子受伤，最好在批评之前想好批评的方法或强度。如果爸爸情急之下说了重话，或在不考虑当时状况的情况下批评了孩子，那么结果可能会适得其反，孩子不但不会自我反省，反而可能会变本加厉。如果想批评有效果，那就要了解孩子的状况，适时选择场合，且在单独两人一起时批评比较好。如果突然在很多人面前批评孩子，孩子会很受伤，甚至会跟父母大吵大闹。

在需要批评的情况下，比起笼统的指责，不如具体地说出孩子的不足。例如，比起"你为什么总是这样"，不如说"你帮爸爸打扫一下房间不可以吗？"这样的表达更具体，孩子反而有可能会把批评当成鼓励。批评频繁或者时间长，会让孩子觉得这更像是唠叨，从而使效果下降。

批评时请避免负面性的词语。批评或者指责时，需要选用更客观、积极的表达方式。

● "没有一点灵活性""没用""成天这么随随便便""到底能做好什么"。（×）

● "我们成元做得都很好，但是如果能把打扫也做好，就更帅了。"（√）

如果想让孩子毫无负担地接受父母的批评，爸爸首先就要给孩子提供一些客观的信息。给孩子提供的客观信息越多，他就会越自觉地去改正自己的不足。如果给孩子提供的是主观的信息，那么只会适得其反。比起单纯地批评孩子的缺点或错误，不如以爸爸提供的信息为基础，让孩子自行判断自己的行为。提供信息是提供知识，促使孩子对相关的事情作出自己的判断，而批评会有碍孩子的独立判断能力。

● "你没有时间概念，你是不是要改改？"（×）

● "成功的人都是守时的人，所以你是不是也要学会努力去遵守时间？"（√）

如果直接指责孩子的某一行为，那么孩子不但不会认识到自己的错误，反而会认为爸爸很冷漠。因此，等一段时间过去后，以冷静而严厉的语气或间接的方式与孩子谈话会更有效。

● "你对朋友说话很没礼貌，这是坏习惯，要改！"（×）
● "你能和朋友们很快熟悉起来，这很棒，但是说话前多思考一下，朋友们也许会更喜欢哦。"（√）

批评时请不要直接指出孩子的错误行为，最好先称赞孩子值得肯定的地方，再指出孩子的问题所在。

● "不刷牙是坏习惯。"（×）
● "胜浩什么都做得都很好，如果睡觉前能刷牙就更好了。"（√）

与其说一些具有强迫性或指示性的话语，不如给孩子一个选择的机会。一定要记住，孩子会因为真诚的批评而改变。

明智批评的五个原则

"你怎么那么听不进话？""你到底为什么会这样？""因为你我真的是没法活了。"这些都是父母经常会对孩子说的一些话。虽然父母是希望孩子能够改变才会如此，但这些话却会伤害到孩子的自尊心，而且对孩子行为的改变毫无帮助。

在指责孩子时，理应只责备孩子做错的行为，可是有些家长却在批评孩子错误行为的同时，经常说一些侮辱孩子人格的、毫无意义的话。虽然这样的责备和批评出自于父母希望孩子能够做得更好的一片心意，但听到这些话的孩子却并不这样认为。他们会觉得爸爸冷酷无情、不了解自己的内心，并不会认为自己有错。由此可见，减少责备的人和被责备的人之间的思想差异，达成共鸣最为重要。

孩子很小时候，不要指责他们

与简单的教训相比，通过与孩子的对话进行批评更有效果。在孩子很小的时候，他们连话都还听不懂，即便批评责备他们，他们也不能理解，这样一来，爸爸就会更加生气。虽然说孩子们能听懂训斥的年龄各不相同，不过一般都要到五岁之后。当然，如果孩子比同龄人成熟，能够听懂大人们说的话，也不会成为问题。对待五岁之前的孩子，与训斥他们相比，把他们的注意力转移到别的方面是更加聪明的选择。

孩子做出危险举动，应该当场批评

有的批评需要在当场进行，而有些批评需要在事后进行。当孩子做错了一些无关紧要的事时，当场批评会让孩子变得胆小，也会让他们的自尊心受到伤害。但是当孩子做出一些与生命相关的危险行为，比如孩子跑到马路上、玩刀、玩火时，就必须当场制止并批评他们。即便是严厉的斥责也不为过。只有这样，孩子们才能真真切切地认识到自己的错误，以后不再重犯。

批评之前需以身示范

口头批评可能对孩子们不起作用，尤其是对于还不太能听懂大人说话的孩子来说，批评反而会让孩子不知所措。因此，在批评之前亲身示范会是一个不错的方法。比如说，当孩子把房间搞得一团糟的时候，爸爸就要指出孩子的错误，并亲自收拾房间，示范给孩子看。而且，教训孩子要有一贯性，对于同一件事情，时而批评时而不批评是非常不好的做法。如果爸爸的批评没有一贯性，爸爸生气时，孩子会不明就里，无所适从。

| 不要使用无视孩子人格的话语 |

爸爸们生气时，经常会用一些无视孩子人格的话语来批评孩子。"你怎么会是这个样子啊？""你傻啊？"这些斥责会伤害到孩子的人格，同时也会让他们积压不满。而且，如果训斥得太严重的话，孩子们会在爸爸在场时做得好，而在爸爸不在场时又变得没有自制力。这样的孩子，以后很有可能会成为只做爸爸要求做的事情、完全没有自信心的孩子。

| 不要强制要求孩子承认错误 |

有时候，孩子们即便是受到了批评，也不会承认自己的错误。这时，爸爸会逼迫孩子承认错误并不断地数落孩子。孩子还未认错时被训斥的话，他们的内心会受伤害，还会有反抗行为。这时，爸爸应当引导孩子自行判断自己行为的对错，这样才不会伤害到孩子的情感。

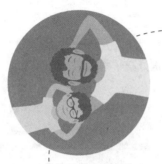

PART 4

改变孩子学习习惯的
沟通法

第十二章
提升孩子表达能力的对话法

"吃饭的时候不要说话！"如果你现在还会在饭桌前对孩子说这种话，你就有必要认真地反省一下自己了。表达能力是在将自己的想法和要求告诉对方，并达成目的的过程中逐渐形成的，并不是上了补习班就能轻易习得的。在日常生活中，要经常定一个主题，给孩子可以随心所欲地表达自己的想法的机会，这种做法也能提升孩子们的表达能力。

儿时的对话习惯影响孩子的一生

亚洲人只要想到要上台发言就会有压力。统计资料显示，每十个亚洲人中有九个人会因为发言而产生巨大的压力和心理负担。这说明发言确实是一件很让人头疼的事。

发言的压力不仅仅存在于成年人身上。在孩子的世界里，有表达能力出众的孩子，能够有效地、动人地表达自己意见；也有不能很好地表达自己意见的孩子。一般来说，表达能力出众的孩子，不仅文章写得好，而且悟性也很好。据专家研究，进入儿童期（6~13岁）的孩子是可以通过话语来表达自己的想法和情感的，通过训练还可以培养孩子的逻辑思维，准确地表达自己的想法和情感。

提高孩子的表达能力，让孩子能有条理地表达自己的想法的确很重要。但是比起盲目地让孩子多说话，我们更应该教导孩子如何明确地表达自己的想法。为此，我们需要了解生活中很容易实践的四个方法。

第一，给孩子创造一个能够随心所欲表达自己想法的环境，这一点很重要。如此一来，孩子就能轻松地表达内心的想法和意见。

第二，经常玩过家家游戏或者娃娃游戏等角色扮演游戏，能够起到很大的帮助作用。通过各种游戏，孩子能够在交换自己的意见和想法的同时，提升有条理地表达自己想法的能力。

第三，一家人一起观看电视节目或者电影后，最好抽出时间与家人互相讨论。或者在吃饭时，聊一聊这一天里发生的事情，也是一个很好的方法。家庭成员之间经常对话交流的话，孩子也会自然而然地参与其中，得到表达自己的意见的机会。

第四，比起中途打断孩子的话，或者指出孩子话中的问题，家长首先要做到的就是要先听孩子把话说完。这样孩子才会觉得自己的想法得到了尊重，才会把自己的意见完整地表达出来。

表达能力是一种传达自己想法的说话能力。表达自己想法的目的在于，通过表达得到对方的肯定，让对方理解自己以便说服对方。孩子的表达能力都是在平时与父母或朋友表达自己的想法和需求中习得的，而不是去上补习班就能学会的，可谓"滴水穿石非一时之功"。因此，想要培养孩子的表达能力，就需要爸爸在平日生活中引导对话，训练孩子说话时更有说服力。

表达能力的核心就是"我"，应该主动表达自己的想法或感觉。个人的思想和感受都是自身的问题，但是表达能力需要的是在与别人或众人面前讲明自己的观点，所以提高表达能力就需要相应的训练。向他人自然地展现自己的想法并唤起对方的理解和共鸣的表达能力逐渐得到人们的重视，而且大家也将其视为必备的能力之一。这种能力要从语言习惯慢慢形成、具备基本思考框架的幼儿时期就开始训练和培养。

引导孩子深入思考的聊天话题

　　如果想提高孩子的表达能力，不能只聊一些日常话题，试着定一个主题再进行交流吧，这样孩子就能慢慢学会深入思考。如果只是谈论成绩或者问些孩子朋友的个人问题，孩子很快就会产生厌烦心理并且讨厌聊天。例如，和孩子聊天的好素材有快餐食品、电脑游戏、手机、补习班等孩子觉得重要的事物，也可以选择电视节目中出现的重要话题。爸爸在这些素材中选定一个对孩子提问，这样孩子就会针对爸爸的问题来表达自己的想法。在这个过程中，孩子思考问题时会更有深度且富有逻辑性。

|将报纸、传单、电视内容作为对话素材|

　　可以利用生活中容易接触到的东西，引导和孩子的对话。利用报纸就是一个不错的方法。报纸可以培养孩子的逻辑思考和表达能力，是很好的学习资料。首先，剪贴收集对孩子有用的资料，然后让孩子大声朗读，这也同时能够对他声音的大小、语速、发音等进行有针对性的训练。而且，还可以让孩子简要地概括所读内容，或者问问孩子有什么感受和想法，从而激发孩子的兴趣，让他能够表达自己的想法。

也可以利用和报纸一起配送来的传单与孩子聊天。看着炸鸡传单中的照片，问："这照片上的炸鸡看起来好不好吃？"如果他说看起来不好吃，就让孩子说说具体的理由是什么。如果孩子回答"这鸡看起来太瘦，如果肥一点会更好吃吧"，就说明这次的传单学习成功了。

电视也是很好的媒介。看电视的时候，针对登场人物，试着和孩子聊一聊。"那个人扮演的是什么角色呢？"或者"为什么大家讨厌那个人呢？"通过这些提问，让孩子说出已知的情况或者人物本身，这样就能很自然地让孩子学会说出自己的想法并提高表达能力。这种有问有答的练习逐渐成为习惯之后，孩子表达自己的想法时就会更有逻辑性。

定好一个时间聊天吧

不定期与孩子对话的方式并不可取，应该与孩子约定好一个时间，定期并且持续进行对话。偶尔进行一次对话，孩子的表达能力只会一时提高，之后很可能又会恢复原样。

如果爸爸太忙以致对话时间不足，也可以让做饭或者吃饭的时间成为有主题对话的机会。让孩子用语言描述出爸爸做饭的过程，对孩子来说也是很好的学习方法。简单来说，爸爸是厨师，孩子来当美食节目的主持人。让孩子用具体的语言说明从准备材料到做好饭的整个过程，可以让他们快乐地学习如何用语言表达。而且，经过了用语言说明烹饪顺序和烹饪方法的训练，以后不管遇到哪种情况和现象，孩子都能用语言把整个过程理顺并叙述出来。

和孩子聊天的主题不需要多么宏大，做到家庭会议日常化即可。计划周末出游的时候，选择场所、游玩项目、食物，都要在家庭会议中和孩子一起讨论决定。通过讨论，孩子可以学习表达自己的意见，并且练习说服对方的技巧，还可以学会既不固执己见，也不盲从他人。

这种讨论的方式能给孩子打下表达自己想法的良好基础。此外，家庭成员之间可以举行评价会。和孩子一起制订一段时期的目标后，爸爸可以问孩子目标达成的情况，孩子则评价自己的目标是否很好地达成，有哪个部分没有做好。这种评价过程，可以培养孩子的批判性思维能力。

跟孩子交谈的时候，爸爸应该教导孩子不要把个人情绪放在第一位，同时培养孩子准确地表达事情因果的习惯。

03

培养孩子表达能力的自然对话

孩子要学习如何通过语言而非行为来表达自己的想法，只有这样，他们长大以后才能准确地表达自己的想法。

但是这种能力不是孩子自己就能摸索学会的。爸爸应该让孩子间接体验什么是伤心、心痛和生气，并告诉孩子如何表达自己的情感。爸爸也很有必要坦率地向孩子表达自己的情感，而盲目地生气无法改变孩子的行为。告诉孩子自己会这么生气的具体原因，孩子才会更容易理解。通过家庭中自然的对话，孩子逐渐养成表达自己的情感的习惯，不仅能提高逻辑思考能力，还可以让爸爸和孩子的关系更为融洽。

如果爸爸在饭桌上还会说诸如"吃饭的时候不能说话"之类的话，就应该深刻地反省自己了。在日常生活中寻找主题，给孩子表达自己想法的机会，也是很好的学习过程。

爸爸要了解孩子的朋友、学校故事、最近感兴趣的事情，特别要弄清楚孩子最喜欢什么东西，并且参与其中。这样，孩子就会兴致勃勃地跟爸爸谈起这些事情，而爸爸要认真倾听，并不时提醒一两句，引导孩子按照"谁、什么时候、在哪里、是什么、怎么样、为什么"的原则，有条理地组织语言。例如，可以问问孩子："是吗，那个朋友是谁，住在哪里，喜欢什么东西，你们是什么时候认识的？"

如果爸爸执意树立自己的权威，会让孩子变得怯懦，不善于表达。当孩子说话时，爸爸应带着关心回应"真的吗？"或是边鼓掌边赞美孩子，比如鼓励孩子："哇，你真是太帅气了！"

忙于工作的爸爸实际上没什么时间跟孩子交谈，这自然会导致孩子跟爸爸产生距离感。如果与孩子的对话时间变少，爸爸就很难了解孩子的想法和日常生活。

不管爸爸有多忙，周末一定要陪孩子玩耍，倾听孩子的心声。爸爸要给孩子说话的机会，也不要打断他的话，就算内容无聊也要赞赏孩子做得不错。因为，教会孩子说话的最好方法就是认真听孩子说话。

04

提升孩子表达能力的对话原则

|引导孩子遵照"六何法"说话|

表达能力强的孩子善于理清自己的思路，并充满自信。为了能让孩子做到这一点，我们应该在家里引导孩子多说话。最简单的方法就是多问孩子这一天在学校发生的事。这样的对话，既能够和孩子自然地交谈，又能够了解孩子的学习环境和朋友，以及孩子是否适应学校生活。

想要把孩子培养成一个说话有逻辑性的孩子，就要通过经常接触的生活主题，从孩子自由说话的习惯开始培养。而且，在开始对话之前，我们应该告诉孩子必须遵守的对话形式。即告诉孩子不管要表达什么，都应该遵照"何时""何地""何人"何事""何法""何因"的顺序说话。如果孩子问其原因，不能回答孩子"你就得这样做"，而应该告诉孩子"你

说过想成为 ×× 吧，如果想要梦想成真的话，我们就应该用正确地表达方式说话"。

但是如果爸爸要求在所有对话中都要遵守"六何法"，会让孩子产生强迫心理。所以，只要尽可能地遵守六何法即可，当孩子年纪还小，很难遵守六何法时，可以根据孩子的水准选择其中几个原则，并引导孩子去遵守这种对话形式。不能只要求孩子去遵守六何法，爸爸应当先给孩子树立好榜样，让孩子自然地意识到应该用这种方式说话。习惯于按照六何法说话，并且说得很有条理性的孩子，写作时也会很有逻辑性。

如果孩子没有遵守对话的原则，也不要责骂孩子，而应该帮助孩了改正错误并鼓励孩子。同样，如果孩子一个都没有落下，说话很有逻辑性，我们也不能吝啬表扬和奖励。

| 纠正不准确的发音 |

当孩子长到五六岁时，他们的发音就已经比较准确，而且也能表达自我。但也有发音特别不标准的孩子。

和同龄孩子相比较，发音不准确的孩子有发音问题或是说话时咬舌头的情况。如果发音不准确，不管说话多么条理分明，也很难继续展开对话。

开口说话迟的孩子与在正常生理发展时期开口说话的同龄孩子相比，发音不准确的概率会高一些。这时，如果家长认为这种情况长大后自然就能改善，便放任不管的话，孩子会因为发音问题与其他孩子产生沟通障碍，甚至会被同龄孩子孤立。因此，在早期就应该纠正孩子的发音。

如果孩子发音不准确就催促孩子，或用"给我好好说话！"等命令式口吻训斥孩子，反而会使孩子害怕开口说话。这时候可以把孩子的话录下来再给他回放，要让孩子亲耳听到自己的发音，从而让孩子自己领悟准确发音的必要性。

发音不准确的孩子不仅仅在发音上会出现问题，很多情况下他们的整体语言能力也会偏低。如果孩子无法回答提问并且反复询问问题本身，或者给出不符合年龄的、水准较低的荒唐答案，又或是无法理解简单的指示和问题的话，单纯纠正发音是行不通的。首先要做的应该是检查孩子整体语言能力，并且加以改善。因为只有将语言能力作为后盾，才能更好地纠正发音。

让孩子重复听到的话

重复别人的话是一件非常困难的事情，因为这考验到瞬间记忆力。所以四五岁的孩子虽然能够传达一些简单的话语，但是如果碰到稍微复杂一点的句子，他们就会被难倒，复述不完整。

如果是三四岁的孩子，可以让他们从短句开始跟着念。刚开始让孩子跟着念"我想去游乐园""我肚子饿了"等三个词左右的句子，这样非常有效果。等孩子熟练到一定程度了，可以再让孩子跟着说复杂一点的句子。这时可以使用多种词汇，培养孩子记忆力的同时锻炼孩子的口才。

第十三章
培养孩子自主学习习惯的对话法

根据最近亚洲教育课程评价院的分析：和几乎不跟爸爸对话的孩子相比，几乎每天都跟爸爸对话的孩子的考试平均分数会更高。这一结果表明，提高孩子成绩的秘诀，就是每天与爸爸亲密无间地进行各式各样的对话。这些不需在旁催促就能让孩子成绩拔尖的爸爸们都有一个共同点，他们的说话方式充满关怀和持久性，能够观察自己的孩子想要什么，并很好地回应他们。

不要马上告诉孩子答案

　　每个爸爸都希望自己的孩子能够百分之百地发挥出他们的才能。培养孩子的创新精神和解决问题的能力，没有想象中那么难，只要爸爸稍微改变一下提问的方式即可。仔细观察那些好奇心强的孩子就会发现，他们什么都问，从琐碎的细节到复杂难解的问题。

　　但是假如爸爸们以"我不知道""我现在很忙""不懂也没关系""还是学习去吧"等抹杀孩子好奇心的语言应付孩子，他们的求知欲自然会减弱，最终孩子们只会越来越讨厌学习。

　　相反的，如果孩子习惯性地对所有事情都是不屑一顾的样子，从始至终都以"是的"或"不是"回答问题，那么爸爸就很有必要反省自己的提问方式是否出了问题。只要爸爸稍微改变提问的方式，就会发现孩子漠不关心的态度会一点点消失，好奇心和问题也随之多起来。

　　是否真心诚意地对待孩子们的提问，对孩子们影响很大。但是，一一回答好奇心旺盛的孩子无止境的提问，是一件非常不容易的事。没有给孩子思考的时间就急着回答孩子的问题，对孩子的好奇心、思考能力以及创新能力没有任何帮助。当孩子的提问很难回答或者需要查找资料才能得出答案时，试着告诉孩子如何利用报纸、网络等周边资源去寻找答案。这时候孩子不单得知了问题的答案，还找到了寻找答案的方法，进而能够更全面地思考。实际上，在寻找资料的过程中，孩子们会想出连大人都想不到的点子。

|给孩子独立思考和寻找答案的机会|

　　自主学习时难免会碰到不懂的问题，而很多时候孩子都无法独自解决这些问题。第二天去学校才问老师会耽误今天的进度，也不能每次碰到问题时就一个个问爸妈或者打电话求助。因为是与学习相关的事情，很多父母都倾向于依赖补习班或课外辅导老师，其实根本的解决方法应该是让孩子养成查资料的好习惯。

　　如果对教科书中的内容有疑问，可以让孩子利用附带详细解释的参考书，社会或者科学科目则可以使用辅导书。孩子的书架上不能缺词典和百科全书，家长应该引导孩子利用这些书籍查找资料并使其成为习惯。一开始，要先告诉孩子查找的方法，找到之后再告诉孩子这些对学习会有怎样的帮助。

第一，不要马上回答。

●孩子：爸爸，这个是什么？

●爸爸：对啊，这是什么呢？你觉得呢？没事的，说说看吧。

第二，刚开始时，与孩子一起找答案。

●孩子：我还是想不出来。

●爸爸：爸爸也很好奇，要不我们一起找找看答案是什么？怎么找比较好呢？

第三，在类似的情况下，使用过去的方法。

●孩子：参考书上也没有这个问题的答案。

●爸爸：以前和爸爸一起在网络上查找过吧？你自己试着上网查查吧。

孩子们碰到难题或者对一些东西产生好奇心时，很多情况下会不经思考就马上放弃。如果想要培养孩子自主学习的习惯，很重要的一点就是让孩子养成自主查找资料、解决问题的习惯。想要让孩子养成这种习惯，爸爸平时就要对孩子多加关心并给予鼓励。

努力比才能更值得称赞

虽然大家都很清楚称赞的重要性，但是再怎么强调它的重要性都不为过。称赞是最能快速建立自信心和幸福感，并把不可能变为可能的伟大力量。称赞和批评处在天平的两端，如果称赞的比重变大，那么批评的比重就会减少。如果仔细观察那些伟人，不难发现他们并不是从一开始就很优秀，他们身后有着一直称赞和鼓励他们的助力者。称赞和鼓励如魔法般改变了他们平凡的人生，它们就像是一种能最大限度激发能力和潜力的催化剂。

发自内心的称赞也改变了世界顶尖舞蹈家姜秀珍的人生。1985 年，她作为首个登上瑞士洛桑芭蕾舞大赛的东方人，在获得大奖后，激动得泪流不止。她加入德国斯图加特舞团时是该团最年轻的团员，至今仍然活跃在舞台上。虽然她在拥有最好的人生前，遭遇了很多苦难和逆境，但她一直有老师的称赞相伴。她原来的专业是古典舞，中学时期她才开始学习芭蕾舞，因此她当时是一个名副其实的差生。从一提到芭蕾就厌烦到逐渐爱上芭蕾，并梦想成为一名芭蕾舞者，凯瑟琳老师功不可没。

凯瑟琳老师激励她说，"因为你的腿很漂亮，所以只要努力一点就可以完成很帅气的动作，再试试看，你可以做得更好"，还称赞她的动作像优美的诗，而且她正在一天天进步。在老师的鼓励下，她不断地努力练习，脚趾甲脱落、脚趾头溃烂也从不停歇。最后，她终于登上了世界级的舞台。

称赞的力量足以改变一个人的人生。即便如此，盲目地称赞也是不可行的。2007年2月19日的《纽约时报》刊登了一篇很值得关注的报道，内容是关于称赞的研究结果。心理学家凯伦·特威及其研究团队十年的研究成果改变了"应该称赞孩子聪明"的观念。研究结果表明，许多聪明的孩子兴趣越来越低，罪魁祸首就是称赞他们聪明。

这项研究把学生分为智力组和努力组进行考试，然后依据考试成绩分别称赞他们聪明和努力。之后让孩子们在两份考试题中选择一种，项目研究人员提前与老师联系，让老师告诉学生们虽然A卷比上一次考试更难，但是能够学到很多东西；而B卷和上一次考试的难度相同。90%的努力组选择更难的试卷，而智力组的大部分学生则选择了较简单的试卷。

从考试的结果来看，虽然两个组的成绩都不是很理想，但是孩子们的反应却截然不同。努力组认为自己的注意力不够集中，反省了自己的学习态度；与其相反，智力组则认为是自己不够聪明，导致成绩下滑。最后一场考试中，努力组 30% 的学生成绩得到了提高，而智力组 20% 左右的学生成绩有所下滑。这项研究结果告诉我们，不该称赞他们的才能，而应该称赞孩子的努力和学习的过程。

提高注意力的五步对话法

第 1 步　确定问题：要做什么？

确定问题是指在开始学习前，爸爸要先提出"你要做什么？""要解决的问题是什么？""要做的内容都有哪些？"等问题。一直以来，孩子们都习惯于遵从爸爸或老师的命令，基本不会独立地思考问题，因此当他们第一次面对这个问题时，就很难作出回答。

不能因为孩子没有立即回答，爸爸就断定他不知道该做什么，便替孩子回答。爸爸应该耐心地等待，直到孩子给出回答，同时最好问问孩子，"今天的作业是什么？""去补习班要做什么？"等问题，也可以给孩子一点提示：

● "今天要做什么事情？"

● "要解决的问题是什么？"

● "今天要学习什么内容？"

| 第 2 步　制订计划：要怎么做？ |

决定了要做什么，爸爸问孩子"今天写作业要用多长时间？""一般做一页练习题要用多长时间？"等问题来预估不同任务需要花费的时间，再制定学习计划，从而找到提高学习效率的方法。因为孩子们的时间概念不像成年人那般准确，所以孩子们很难就上述问题给出正确的回答。对一件一般需要一个小时以上才能完成的事，孩子可能会说"马上就做，大概要二十分钟吧"，而对一件半小时就能做完的事，却可能会说"需要一个小时"。

这时爸爸不要对孩子说："你怎么像个傻瓜一样，连时间都估计不对！"或者"胡说什么呢，看你平时的速度，三个小时都不够呢！"之类的话。要先接受孩子预估的时间，再帮助他在这个时间范围内制订计划。

● "今天你说要完成语文和社会的作业和练习题吧？"

● "做完这些大概要花多长时间？"

● "只做语文作业需要花多长时间？"

| 第 3 步　检查：现在做得怎么样？ |

决定了要做什么和怎样做之后，就进入了实际执行的阶段。这个任务可能是读书、做练习题或做作业。一旦开始，最好就不要和他们搭话，让他独立完成自己的任务。

但是与孩子最初的计划不同，他可能会碰到问题或者分心，这时，爸爸可以通过问"按照刚才制订的计划学习有没有困难""要想按照计划好的时间完成，现在应该做到哪里了？"这样的问题，自然地检查他的进度。

- "有没有按照制订的计划做啊？"
- "按照预想顺利进行了吗？"
- "要想在预计的时间内完成，你要怎么做？"
- "现在做到哪里了？"
- "接下来你打算怎么做？"

| 第 4 步　检查完成情况：做得怎么样了？ |

问"做得怎么样了"，是为了让孩子检查自己的成果，是否有错误或遗漏，进而让孩子养成检查的习惯。在孩子合上书做其他事之前，先让他们到书桌旁总结今天学习的内容，并指导孩子整理、归纳。如果孩子遗漏了很多东西，或者是看起来敷衍了事的话，也绝对不能发火或者斥责他。

● "有没有达成我们的目标呢？"

● "为什么没有在计划的时间里完成任务？"

● "下一次写作业要花多长时间？"

● "爸爸很好奇今天艺恩是怎么学习的，能不能告诉爸爸呢？"

|第5步 称赞和鼓励|

如果孩子在第4步就能有条理地回答出爸爸的提问当然最好，但是大部分孩子会遗漏很多东西，刚刚学习过的内容也会说得结结巴巴。此时的重点是：绝对不能发火或者训斥孩子，因为提升注意力的对话技巧的最后一步正是称赞和鼓励。

● "艺恩的记忆力真好啊！之前和爸爸约定好的事一件也没忘记，全都记得呢！"

● "爸爸也很难记住今天第一次学的内容，但是九九乘法表你背得这么棒，再和爸爸看一次这道题一定能解答出来！"

第十四章
让孩子受益终生的读书法

读书是一种习惯，不是启蒙，也不是教育。从小培养孩子们的读书习惯绝对是老师和父母的责任和必要课题。因此，父母要先以身作则，与孩子们一起读书，一起讨论书中的故事，一起谈论梦想。

喜欢读书的孩子，80% 受爸爸影响

对于孩子来说，并不存在哪个阶段特别适合开始阅读的说法。

刚会走路的孩子就可以在爸爸妈妈的陪伴下看图画书。上小学之前，家长就可以着手培养孩子的读书习惯与爱好。对这个阶段的孩子来说，阅读有益于他们基本心理、生理因素的发展，而且给予他们的外部刺激越多样，就越有益。

| 听着故事长大的孩子 |

孩子们长大以后喜不喜欢读书，取决于成长过程中听了多少故事。在成长的过程中听故事比较多的孩子，在学校里理解力更强，注意力也更加集中。

听故事能开发孩子的想象力，增强他们的语言表达能力。让孩子在听故事的过程中感受到快乐，对处于阅读入门期的孩子的阅读能力的奠定起重要作用。这不仅仅能消除听故事的孩子对文字的抗拒，还可以激发他们对阅读和文字的兴趣。讲故事给孩子们听，不仅可以让孩子接近书本，而且还能拉近亲子之间的情感距离，一举两得。

在为孩子们讲故事时，首先要挑选孩子们喜爱的主题，可以是传说、民间故事、神话、老故事等有趣的内容，也可以选择孩子们关注的生活故事。孩子的年龄还小，相比于复杂的内容，要选择人物较少、情节简单的故事书。

每天与孩子阅读三十分钟

给孩子读书实际上也是在创造亲子对话的好机会。这个过程并不会有负担，也不需要技巧。

给孩子读书，会运用到阅读者的情感和丰富的经验，也会吸引孩子积极地参与互动。在这个过程中，文字被生动地传达出来，能够引起孩子们对书本的关心和兴趣，而且对提高孩子们的语言能力、阅读能力也大有裨益。在选择书本时，可以让孩子们亲自挑选，也可以选择伊索寓言或传统故事。

为孩子读书或者讲故事的效果，会因说话人、声音、展开故事的方法不同而有细微的差异。在此过程中，好的讲故事技巧，能像说书人一样抓住听众的胃口，可以提高孩子们的专注力，效果也会更好。对于觉得给孩子读书是一种负担的爸爸们，可以参考以下几点，不久你就会看到一个专心等待着爸爸为自己读书的孩子了。

● 简单干脆地为孩子阅读。

● 阅读时还原故事人物的独特个性。

● 自己先读一遍故事，事先做好准备。

● 每个孩子都有差别，适当调节阅读速度。

● 在阅读的过程中不时地确认孩子是否在认真地听，注意不要让孩子感到厌烦。

● 向孩子提问以刺激并扩大孩子的好奇心。

● 不要强行要求孩子去思考。

● 提问和回答的时间不宜过长，不能让其成为阅读时的障碍。

爸爸的一句话

下面的提问可以提高孩子们对书本的兴趣。

● "最有趣的是什么呀？"

● "你为什么喜欢这本书啊？"

● "这本书中你最喜欢谁？"

- "你喜欢他什么？"

- "你希望接下来故事怎样发展呢？"

- "你觉得印象最深刻的场景是什么？"

- "听了这个故事以后你有什么想法？"

给孩子讲的有趣的故事

类型	书名	出版社	内容
适合读给经常和妈妈吵架的孩子听的书	《妈妈，谢谢你懂我》	北京日报出版社	讲述了小学生的困惑和苦恼，让家长学会从孩子的角度看问题，走进他们的内心世界。
适合读给上幼儿园的孩子听的书	《害羞的诺可小姐》	长江少年儿童出版社	通过经常使用的文具的故事，教会孩子们如何和小伙伴合作，愉快地加入群体。
适合读给有不好的生活习惯的孩子听的书	《挖鼻孔的大英雄》	北京科学技术出版社	通过脏兮兮的小猪智斗大灰狼的故事，让孩子们懂得只有养成良好的卫生习惯，才能成为受大家欢迎的人。
适合读给挑食的孩子听的书	《谁吃了我的粥》	江苏少年儿童出版社	通过一个有趣的小故事，告诉我们解决孩子挑食问题的神奇方法。
适合读给不喜欢书本的孩子听的书	《吃书的狐狸》	北京科学技术出版社	通过喜欢书本的狐狸的趣事，告诉孩子们读书的意义和方法。

类型	书名	出版社	内容
适合读给总是闯祸、捣蛋的孩子听的书	《大卫，不可以》	河北教育出版社	本书讲述了一个总是闯祸的孩子的故事，他虽然会受到处罚，但最后仍然得到了妈妈的拥抱和全心全意的爱。
适合读给总发脾气的孩子听的书	《菲菲生气了》	河北教育出版社	在这本书中，读者将跟生气的小菲菲一起，学习成长过程中最难学习的一课：如何控制自己的情绪。
适合读给不满和埋怨多的孩子听的书	《爱抱怨怎么办》	南海出版公司	引导孩子认识到爱抱怨的态度及危害，抛弃过去不愉快的回忆，把注意力放在生活中发生的好事上。
适合读给眼里只有自己的孩子听的书	《爱心树》	南海出版公司	一棵树的温暖故事，告诉孩子什么是爱与被爱。
适合读给不懂得爸爸的重要性的孩子听的书	《我爸爸最棒》	湖北美术出版社	一本以孩子的视角看爸爸的图画书，告诉我们：在孩子的眼中，爸爸从来都是伟大的、可敬的。

丰富孩子想象力的阅读游戏

对于培养孩子的想象力来说，阅读具有非常重要的作用。接下来介绍一些充满趣味的游戏和技巧，可以丰富孩子的想象力，还可以提升父母与孩子间的亲密关系。

| 看图说故事 |

试着让孩子看着书本里面的图画来讲故事吧，这样做可以让孩子随心所欲地表达自己内心的想法，同时也能给他们一个丰富想象力、提高语言表达能力的机会。让孩子抛开图画故事书给人的生硬印象，通过想象力来理解书本的内容、勾勒图画的故事，能够激发孩子对阅读的兴趣。

|用书名造句|

用书名造句游戏指的是用书本中每个章节的小标题来造句的活动。书名造句游戏既简单又有趣，大部分的孩子都会积极地参与，尤其是对于那些对文字还不太熟悉的孩子来说，这个游戏可以培养他们的自信心。游戏虽然可以在读完书后再进行，但是为了能够引起孩子们的兴趣，可以尝试在阅读前做这个游戏。

用书本中的某一个单词来说一段简短的故事也不错，这个游戏可以加强孩子对这个词的理解，也有利于提高孩子们的写作能力。

|画出阅读感想|

画出阅读感想指的是读完书后将自己觉得有趣的、印象比较深刻的内容用图画表现出来的做法。画书本中的主人公、书本的封面，或者是画书本中有趣的图画等，不同形式的读书鉴赏画，都能让写作能力欠佳的孩子毫无负担、愉快地表达自己内心的想法。

用画画的方式把自己的读后感表达出来，不仅仅能够让孩子更加有趣地接触书本，而且能让书本给孩子的感动更加持久。爸爸应当刺激孩子的想象力，开发他们的创意，让孩子的情感变得更加丰富。试着询问孩子喜爱的人物、印象最深的场面或者是觉得有趣的场面，以一问一答的形式与孩子对话吧。

如果过分重视画画，会让孩子感觉到有负担，反而会让孩子逃避书本，因此，在这个过程中父母要细致又亲切地照顾孩子，要让孩子在毫无负担的愉快心情下画画，不能强制性地要求孩子进行这项活动，也不能让这项活动成为义务。

| 培养思考能力的读后感 |

读后感是记录读书后的所感所想的文章。读完书后，让孩子理清自己的想法并用文字或口头的形式表现出来，可以让孩子理解文字的意义，养成他们将感想写成文字的习惯，让他们形成批判性的阅读思维。

读后感并不需要写得像散文一样优美，以一个简单的主题来让他们写一段简单的故事即可，不要让孩子感到负担。可以让喜欢用文字表达想法的孩子来写读后感，而对于还不太懂得用文字来表达想法或者写文章比较困难的孩子来说，可以让他们用说话的方式把所想、所感表达出来。

写读后感的最佳时期是孩子们可以读写文章的时候。首先要训练孩子用文字来表达自己内心感受的能力，爸爸也可以选一些能够表达内心感受的文章读给孩子们听，并询问他们的感想。

提问的内容可以是：

● "你可以说说现在读的这本书的主要内容吗？"
● "你可以把你读过的内容整理一下讲给我听吗？"

● "读了这本书你有什么想法？"

● "你觉得书里的主人公是个什么样的人？"

● "让你印象最深刻的场景是什么？"

让孩子用"高兴""伤心""幸福""生气"等词语来自由表达自己的内心感受吧。当孩子读书后说出故事的主要内容以及自己内心想法的训练达到一定的程度时，他们就可以写读后感了。

对于觉得写读后感有困难的孩子来说，用图文结合的方式来表达想法也是很不错的方法。可以先画一幅图，然后在图的下面用文字简单地记录一下自己对故事的感受。虽然在这个过程中孩子们的表现各有差异，但是他们的参与率颇高。在孩子们写完读后感以后再给他们一个发表的时间，效果会更好。

拓展孩子思维的读书分享法

被推崇为历史上最伟大的英国人的温斯顿·丘吉尔，对世界历史也有很大的影响。丘吉尔不仅以政治名人闻名于世，他在文学界的造诣也颇高，甚至还获得过诺贝尔文学奖，而且他还是一名优秀的演说家，受到广泛的追捧。

在丘吉尔华丽的人生背后隐藏着的是他战胜悲惨命运的意志。儿时，他曾经因为自己个子矮小而自卑不已，而且他每一次考试都是倒数第一名。为了克服这些，丘吉尔每日埋头读书。他通过每天五个小时的阅读和学习，形成了自己的知识体系，改变了自己的人生，也改变了世界。阅读拥有改变人生的力量。不仅仅是丘吉尔，无数成功人士都认为阅读是成功的最好办法。

父母有责任为孩子创造一个可以阅读大量好书的环境。如果要向孩子推荐一本好书，爸爸一定要掌握大量的图书信息。为此要上网查询近期在书店或者育儿网站上孩子们喜欢的书籍，并且认真阅读这些书籍的前言或者后记。经过这样认真的了解后，挑选一本好书，与孩子一起阅读，一起对话。

这里说的"对话"是指在读完一本书以后，与孩子一起讨论书本的主题、要旨以及孩子对书本的感受。阅读完一本书后，爸爸和孩子的感受会有差异。由于每个人的感受不同，通过分享自己印象深刻的内容可以扩展自己的思维，而且在说明自己想法的过程中，可以训练孩子说话的逻辑性，对他们论述能力的提高也大有裨益。

如果孩子觉得和爸爸讨论有负担，可以让孩子与自己的朋友们一起讨论，一样有效。通过听不同的人对同一本书的不同看法，能让孩子学习从不同角度看待问题，进而培养他们以后用不同的方法解决问题的能力。

在日常生活中，爸爸引用书本中与生活的场景相关的句子与孩子对话，更容易让孩子理解彼此对话的内容。如果他还没有读过这本书，他们会在好奇心的驱使下去读这本书。爸爸的一点小引导，就可以让孩子走上读书大王、论述大王之路。